POLITIQUE

DE LA

RESTAURATION.

PARIS. — Typographie de Firmin Didot, rue Jacob, 56.

POLITIQUE

DE LA

RESTAURATION

EN

1822 ET 1823,

PAR

LE COMTE DE MARCELLUS,

ANCIEN MINISTRE PLÉNIPOTENTIAIRE.

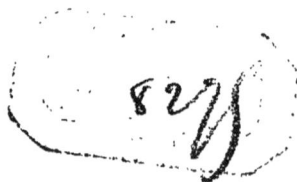

PARIS,

JACQUES LECOFFRE ET Cⁱᵉ, ÉDITEURS,

RUE DU VIEUX-COLOMBIER, 29.

—

M DCCC LIII.

AVERTISSEMENT.

———◦◦◦◦———

Ceci est une page détachée, sorte de tableau sans cadre ; ou plutôt c'est une de ces lueurs fugitives qui servent à éclairer quelques faits, et à dissiper les ombres de l'histoire. Ces blocs informes, sortis bruts des flancs du siècle, la main d'un habile et judicieux architecte les façonne plus tard, et les

1

met en saillie s'il veut parer son édifice, ou
les recouvre de terre s'il cherche à consolider
ses fondations. Quant à moi, j'ai soigneuse-
ment arrêté ma plume sur le bord de toutes
les réflexions rétrospectives qui jaillissent du
sujet. Je n'analyse pas les couleurs de mon
esquisse : je me contente de les reproduire,
dans leur vivacité, aussi exactement que je le
puis. Je ne juge pas, je raconte ; je ne fais
même, le plus souvent, que répéter.

POLITIQUE

DE

LA RESTAURATION.

(1822-1823.)

—

M. CANNING.

M. CANNING.

Plus d'une fois, en prenant la plume pour retracer quelques souvenirs de ma vie diplomatique, je
me suis demandé si par ces récits, tout vieux qu'ils
sont, je n'allais pas pécher, sans le vouloir, contre
la discipline du *corps* où j'ai été enrôlé dans mon
jeune âge, et, malgré moi, porter quelque atteinte
à sa gravité, en même temps qu'à ses secrets. La

nature et le ton de mes réminiscences, telles que je les consigne ici, ont fait taire mes scrupules, et désarmeront également, je l'espère, la sévérité de mes successeurs. Je les crois, certes, partisans et observateurs rigides de l'axiome du silence, base essentielle de notre dignité, autant que j'ai pu l'être moi-même pendant l'exercice de mes fonctions, et longtemps encore après. Et pourtant, si l'*hôtellerie* des affaires étrangères, ainsi que M. de Chateaubriand l'a nommée le premier, passe pour le temple d'Harpocrate tant qu'on l'occupe, combien de grands prêtres, à peine échappés des parvis, n'ont pas craint d'en dévoiler les mystères!

Je ne me sens pas le droit de les imiter; mais je me persuade que, si les rapports des États entre eux, les dépêches qui les racontent, les notes qui les règlent demeurent scellés et engloutis dans les catacombes des Archives nationales, certains détails qui accompagnent ces actes, leurs préliminaires ou leur mise en scène, pour ainsi dire, appartiennent au domaine public. N'en ressort-il pas, d'ailleurs, un jugement plus sûr, une connaissance plus intime des personnages divers qui ont tissé passagèrement la trame politique du monde, ou en ont longtemps tenu les fils entre leurs mains? En un mot, si elle est déshéritée du droit de pénétrer dans le palais de nos arcanes, la curiosité publique n'a-t-elle pas du moins le privilége de se promener tout autour, de *regarder sans toucher,* comme le veulent les inscriptions qui veillent sur les plus belles fleurs et sur les plus mortels poisons du Jardin des Plantes? Enfin, dans mes révélations de la forme plus que du fond, je me suis cru autorisé, pour parler en style technique, à laisser le lecteur considérer et retourner en tout sens l'enveloppe, sans me permettre de faire, en sa faveur, sauter tout à fait le cachet.

I.

C'est surtout, quand les intérêts constitutionnels, transformés en questions sociales, s'agitaient à Paris; c'est lorsque ces fatales nuées, égarées dans leur marche, se condensant d'abord dans les hauteurs des tribunes, excitées ensuite par les souffles tumultueux de la presse, se formaient en orages révolutionnaires, et retombaient en torrents dans la rue pour balayer les institutions : c'est alors, dis-je, que ma mémoire se reportait naturellement vers la terre classique et éprouvée des mœurs parlementaires; vers cette Angleterre devenue notre modèle, après avoir été si longtemps notre rivale; notre auxiliaire d'un jour, et notre ennemie de tous les temps; trop semblable, ou du moins trop égale à nous en civilisation et en puissance pour ne pas nous craindre; trop différente par les caractères ou les coutumes pour nous aimer; dont l'alliance, même prolongée, n'est jamais pour nous qu'une fiction malheureuse, surtout si elle vient à nous faire oublier l'expérience de l'histoire. Les témoignages du temps l'ont démontré jusqu'à l'évidence. Les grandes nations ne se lient entre elles ni en raison de leurs institutions communes, ni par leur juxtaposition topographique : ces conformités, bien au contraire, produisent toujours une émulation jalouse, et parfois l'envie. Les peuples s'unissent seulement par leurs dissemblances, par leurs intérêts et leurs besoins divers, comme par leur pondération séparée dans l'équilibre du monde. Deux blocs pareils de forme et de poids, également taillés et polis, posés l'un à côté de l'autre, ont encore besoin des tenons de cuivre du Parthénon, et du ciment romain des Arènes, pour fonder un édifice que le temps altère et ébranle malgré tout; tandis que des pierres inégales, informes, entassées dans un désordre apparent, se soutiennent ensemble par leurs aspérités anguleuses, se fortifient, et présentent aux regards surpris ces murs cyclopéens, immobiles vainqueurs des ans.

II.

Je fus nommé chargé d'affaires de France à Londres deux jours avant que M. Canning eût échangé le gouvernement des Grandes-Indes contre le timon de l'État britannique. Je me trouvais placé ainsi au point d'intersection qui séparait sa vie publique en deux parts : l'une, laissant en arrière ses anciennes opinions monarchiques, héritage de Pitt, et sa faconde trop érudite et trop élégante peut-être ; l'autre, inaugurant son penchant nouveau pour les institutions populaires, comme aussi le grand style, à images antiques et à profonde ironie, de son éloquence : première et seconde manière du peintre qui devait si fortement colorer le tableau politique de son temps. M. de Chateaubriand venait de partir pour Vérone. Je devais être le confident intermédiaire de ces deux hommes qui, à des titres divers, ont tant occupé la renommée. Le premier, le plus grand orateur ; le second, le plus célèbre écrivain de son époque. Longtemps défenseurs des mêmes principes monarchiques et constitutionnels, ils allaient aujourd'hui lutter violemment l'un contre l'autre, pour les appliquer en sens contraire dans les deux pays dont ils avaient à ménager les intérêts et à régler les destins. J'écoutais, j'étudiais ces génies

avec l'avidité d'un esprit jaloux de recueillir une
expérience dont je me flattais de faire profiter plus
tard ma patrie. J'avais alors toute l'ardeur d'un
disciple zélé ; comme si la destinée s'était engagée
d'avance envers ma jeunesse à me laisser mettre, à
mon tour, en œuvre, les hautes leçons que j'allais
recevoir d'eux.

Mes relations intimes avec M. Canning et sa famille avaient précédé son avénement au pouvoir ;
elles continuèrent sur le même pied et avec la
même confiance : confiance entièrement à mon profit ; car, dans cet échange de nos paroles, que n'avais-
je pas à gagner, et que pouvais-je lui apprendre?
M. Canning, dans ses rapports avec moi, avait pris
l'art diplomatique au rebours. Au lieu de la réserve
et de la froide dignité qui fait comme le fond des
conférences ordinaires, soit qu'on leur donne le
nom pompeux d'*officielles,* soit qu'elles prennent le
titre plus humble de *confidentielles,* il s'expliquait
avec une grande indépendance et une franchise
parfois excessive. Sa conversation était commode
comme son amitié : quelquefois timide et d'une
parole brève, il transportait le plus souvent dans
ses entretiens familiers les coutumes oratoires et
l'abondance brillante de ses débats parlementaires.
Il marchait droit à la difficulté, qu'il attaquait de
front ; il ne s'abaissait à aucun déguisement, ne se

cachait derrière aucune réticence. Il répondait sans hésitation à toute question posée, prévoyait la réplique, la réfutait d'avance, se livrait à sa verve caustique ou à son imagination inspirée avec un rare bonheur d'expressions et une finesse particulière de langage : enfin, il avait toujours l'air de provoquer cette sincérité sans limites dont il paraissait user lui-même : et c'était encore de l'adresse, puisque, fort de sa supériorité, s'il ne cherchait pas à tromper, c'est qu'il était certain de séduire.

M. Canning savait bien assez de français, et je savais de mon côté presque assez d'anglais, pour suffire à beaucoup d'insignifiantes conversations et pour défrayer le courant du commerce diplomatique ; mais, comme il voulait causer avec moi *à cœur ouvert,* disait-il, il me proposa de nous servir chacun de notre langue maternelle, et j'acceptai avec reconnaissance ce compromis. J'y trouvais la ressource, que négligeait pour lui-même mon interlocuteur, de faire répéter la question, afin de mieux préparer la réponse. Or, je venais tout récemment de me familiariser cette méthode en Turquie, excellente école diplomatique. Là , par une autre ressource de l'art, le silence réfléchi, qui précède les bouffées de la pipe, entrecoupe, ralentit le dialogue, et fait éviter le danger des paroles trop hâtées. Nous nous habituâmes promptement à échan-

ger ainsi, l'un contre l'autre, nos idiomes. Et ce
mode alternatif ne déconcerta plus que nos collègues
les diplomates étrangers, quand, de temps en temps,
et par hasard, ils cherchaient à écouter nos entretiens. J'ajoute que, plus d'une fois dans le cours de
nos communications journalières, j'eus à soumettre
à M. Canning mon interprétation de son langage,
et que toujours il voulut bien rendre justice à la
fidélité de ma traduction, sans en rien rétracter ni
démentir.

L'histoire du congrès de Vérone, grand trophée
que M. de Chateaubriand a érigé à la gloire
d'une époque trop méconnue, retrace en couleurs
ineffaçables l'humeur que donnait à M. Canning
notre expédition en Espagne; et cette humeur, le
fougueux ministre ne sut jamais la déguiser. Il dut
à ses emportements la popularité peu souhaitable
des rues de Londres, mais en même temps mille ennemis en Angleterre et une véritable défaveur en
France. Ce fut ainsi que, par des impulsions ardentes
données à l'opinion, comme par des vœux passionnés et publics contre nos succès, il blessa l'Europe
et son propre maître, que, du reste, il n'avait nul
souci de ménager : ce fut encore ainsi qu'avec des
antécédents d'une tout autre nature, il se fit le chef
d'une faible minorité du conseil, faute beaucoup
plus grave.

III.

Le discours d'ouverture de la session de 1823, tel que Louis XVIII devait le prononcer, avait été mis en mes mains par avance. Je le portai à M. Canning quelques heures avant qu'il ne fût connu à Paris. Ces communications prématurées, qui ont moins bonne grâce aujourd'hui en raison de la vitesse des chemins de fer et des télégraphes, sont toujours néanmoins d'un excellent effet, en témoignant d'une confiance intime, et elles ne présentent d'ailleurs aucun péril : le diplomate le plus blasé en affaires, et le plus rebelle à d'autres amorces, ne peut s'empêcher d'y être merveilleusement sensible. Le ministre lut avidement ce discours ; mais quand il en vint au paragraphe, qu'il répéta tout haut : — « Que Ferdinand VII soit libre de donner à ses peu- « ples les institutions qu'ils ne peuvent tenir que « de lui, et qui, en assurant leur repos, dissipe- « raient les justes inquiétudes de la France ; dès ce « moment, les hostilités cesseront. » — « Quel prin- « cipe ! » me dit vivement M. Canning, en secouant violemment le papier, « et quel abus ! Y avez-vous « sérieusement réfléchi ? Vous allez au delà des ri- « gueurs du gouvernement monarchique absolu, tel « qu'il est depuis si longtemps établi en Espagne :

« car, alors même, les cortès, par leurs remon-
« trances, usaient légalement du droit d'arracher
« des concessions à la couronne ; et vous, au con-
« traire, vous exigez que Ferdinand remplace ou
« octroie seul des institutions par sa volonté pro-
« pre... Mais c'est donc une croisade pour des théo-
« ries politiques que vous entreprenez ! Eh quoi !
« voudriez-vous propager votre charte comme
« Mahomet le Coran ? Quant à moi, je connais la
« guerre de conquête, qui ne dure pas ; la guerre
« d'invasion qui y fait suite, vous vous en sou-
« venez ; la guerre pour changement de dynastie,
« dont nous avons tant souffert chez nous ; la
« guerre pour intérêts commerciaux, la plus raison-
« nable de toutes. Mais la guerre pour modifier le
« pouvoir de deux chambres, ou l'extension de la
« prérogative royale ! Cela me passe. Je ne com-
« prendrai jamais qu'on tire du canon contre des
« idées et contre des formes de gouvernement.
« Ignorez-vous donc que le dogme des constitutions
« émanées du trône nous est odieux ; que le sys-
« tème britannique n'est que le butin des longues
« victoires remportées par les sujets contre le mo-
« narque ? Oubliez-vous que les rois ne doivent pas
« donner des institutions, mais que les institutions
« seules doivent donner des rois ?... » — Sans doute,
en Angleterre, depuis sa terrible révolution, répli-

quai-je. Mais dans l'Espagne, régie par une dynastie antique et traditionnelle, ne peut-il donc en être comme en France? N'oubliez-vous pas, à votre tour, que nous devons la charte à Louis XVIII? — «Malheureux axiome!» continuait le ministre sans m'écouter : «Un roi *libre!* Mais connaissez-vous un « roi qui mérite d'être *libre,* dans le sens implicite « du mot? Peut-il, doit-il même l'être jamais? Il n'y « a de vraiment *libre* qu'un despote ou un usurpa- « teur; fléaux du monde, comètes effrayantes qui « brillent et s'éteignent dans le sang! Notre consti- « tution et la vôtre, il est vrai, laissent en apparence « au roi le vain privilége de choisir ses ministres; « mais ce privilége l'exerce-t-il en réalité? Con- « sultez nos annales.

« Croyez-vous que les premiers Georges aient été « *libres* de rejeter les cabinets qu'on leur imposa, « entre autres le ministère Walpole?

« Georges III, avec sa raison enchaînée et presque « toujours évanouie, pouvait-il donc faire un choix « autour de lui? Non, sans doute, fort heureuse- « ment pour l'Angleterre.

« Et Georges IV, ajouta M. Canning (ici sa voix « s'accentuait, et il me serrait fortement le bras), « croyez-vous que je serais son ministre, s'il avait « été *libre* de choisir? Pensez-vous qu'il ait oublié « que je me suis constamment soustrait aux orgies

« de sa jeunesse ; que j'ai sans cesse combattu ses
« penchants et ses favoris ? Il a pour moi toute la
« haine que lui donnent ma résistance, mon atti-
« tude politique, et surtout, je ne vous apprends
« rien, les souvenirs intimes de son ménage. » —
Ici, un sourire ironique traversa comme un rapide
éclair la figure du ministre. J'étais jeune ; je sou-
ris aussi, et je me rappelai ces élégantes paroles
dont la voix pénétrante et sonore de M. Canning
avait fait, deux ans plus tôt, retentir le parlement,
quand, au milieu du scandaleux procès de la reine,
rompant un long silence : — « Eh! pourquoi, s'é-
« cria-t-il, lui refuser un trône, à elle si digne de
« l'embellir ? Oui, elle était l'ornement et la grâce de
« la société la plus polie... » Ce sourire venait de
me rappeler les innombrables griefs du roi. C'était
comme si M. Canning m'avait dit à l'oreille : —
Vous le savez bien, j'ai avoué, il n'y a pas longtemps, en plein parlement, mes sentiments inalté-
rables et dévoués envers la princesse de Galles ; j'ai
décliné toute participation à son procès, et donné
ma démission à cette époque : c'étaient autant d'insultes à son mari ; et pourtant il n'a pas été *libre* de
m'exclure de son conseil, et il a dû me nommer son
ministre.

« Enfin, » ajouta M. Canning, calmé tout d'un
coup après une si rapide succession de pensées,

et comme affaissé sous le poids de sa propre
énergie, «vous allez entrer en Espagne!» Puis,
frappant amicalement sur mon épaule : «Vous
« croyez, vous, jeune homme, que cette guerre sera
« courte : je pense tout autrement, moi qui touche
« à la vieillesse. En 1793 (regardez, j'ai assez
« de rides pour citer cette époque), M. Pitt, *au*
« *cœur patriote, à l'esprit prophétique :*

    « The patriot's heart, the prophet's mind, »

et le ministre prononça, d'une voix cadencée, ce
vers échappé à sa jeunesse, « M. Pitt m'annonçait
« que certaine guerre, déclarée à un grand peuple
« alors en révolution, serait courte aussi..., et
« cette guerre a survécu à M. Pitt... »

IV.

M. Canning vint chez moi le lendemain; il me
parut sombre et préoccupé.— «Votre fatal principe,»
me dit-il, « m'empêche de dormir; il assiége in-
« cessamment ma pensée. Que veulent dire ces ins-
« titutions filles des rois? Ici, je vous le répète, les
« institutions sont mères de ce que nous appelons
« fictivement le monarque, et vous venez de bles-
« ser profondément notre orgueil national. » —Pourquoi donc, répondis-je, prendre pour vous ce qui est
dit seulement pour la France et pour l'Espagne? Le
discours de Louis XVIII ne s'applique en rien à l'An-

gleterre, qui n'y est pas même nommée. — « Ce si-
« lence, répliqua le ministre, ne détruit pas suffi-
« samment l'allusion. Chez nous, croyez-le bien, le
« dogme d'une constitution émanée du pouvoir
« d'un seul, fût-elle même acceptée momentanément
« de tous, est au ban de l'opinion publique. » J'ob-
jectai de nouveau que pourtant ce dogme, si dé-
daigné dans les trois royaumes, était réputé con-
servateur des monarchies continentales, et que,
en 1820, l'empereur d'Autriche, allant au secours
du roi de Naples, l'avait virtuellement invoqué, à
son entrée en Italie. — « On pourrait sans doute, »
interrompit le ministre, « l'excuser en Autriche, où
« règne l'absolutisme paternel et patriarcal » (ce furent ses expressions); « mais en Angleterre et en
« France, où l'on jouit d'institutions populaires... »
— Parlez pour vous seul, si vous l'osez, inter-
rompis-je à mon tour. Quant à moi, je proteste.
Nos institutions ne sont pas encore populaires à votre façon. La France, après une bien triste expérience des institutions soi-disant populaires, a reçu
de son roi légitime des institutions monarchiques
et représentatives, mères de la prospérité et de la
sage liberté du peuple; voilà tout.—« Soit, » reprit
M. Canning; « mais à quoi bon soulever un prin-
« cipe qui prête tant à la discussion, et sur lequel
« vous voyez que nous sommes même, vous et moi,

« si peu d'accord?... Au reste, un second prin-
« cipe marche à côté du premier, et nous est plus
« antipathique encore : c'est ce Bourbon qui va au
« secours d'un Bourbon. Vous réveillez ainsi en
« nous mille souvenirs d'inimitié : l'invasion de
« Louis XIV en Espagne; l'inutilité de nos efforts
« pour éloigner sa puissante dynastie du trône de
« Madrid. Par un tel langage, vous insultez à notre
« politique passée ou actuelle, et c'est un démenti
« à l'esprit et au sens de notre révolution. Jugez-en ;
« quand un roi dénie au peuple les institutions dont
« le peuple a besoin, quel est le procédé de l'An-
« gleterre? Elle expulse ce roi, et met à sa place
« un roi, d'une famille alliée sans doute, mais qui se
« trouve ainsi, non plus un fils de la royauté, con-
« fiant dans les droits de ses ancêtres, mais le fils
« des institutions nationales, tirant tous ses droits
« de cette seule origine. » — Puis, le ministre, s'a-
nimant au feu de sa propre logique, ajouta, avec une
sorte de colère : — « Puisque Ferdinand, comme
« Jacques II, résiste aux volontés de sa nation, ap-
« pliquons la méthode anglaise à l'Espagne. Qu'en
« résulte-t-il? L'expulsion de Ferdinand. » — Ensuite, dans un de ces emportements auxquels il était
sujet, entraîné en dehors de sa volonté et plus loin
que sa pensée : « Écoutez-moi bien, me dit-il ;
« cet exemple peut s'étendre jusqu'à vous. » Et,

2.

parlant plus bas, ses yeux brillants fixés sur les miens : — «Vous n'ignorez pas qu'une déviation du « dogme de la légitimité, presque pareille à la nô- « tre, se médite et couve en France en ce moment. « Vous savez quels progrès elle fait dans le parti « d'une opposition prétendue modérée... La tête à « couronner est là... »

Ces terribles mots, prononcés en 1823, me frap- pèrent au cœur comme un outrage ; et je ne puis reproduire toute l'indignation qu'ils excitèrent en moi. Le ministre, embarrassé et triste, se promenait de long en large pendant que j'exhalais mon res- sentiment. — C'est une question toute d'honneur français qui s'agite, m'écriai-je ; et cet honneur ne peut être compris à Londres, où la langue n'a pas de mot pour l'exprimer (1). Oui, cet honneur, reste de notre antique monarchie, domine encore notre jeune constitution. Cet honneur est un sentiment vague, indéfini, qui ne se raisonne ni ne se justifie,

---

(1) Le mot *honneur* n'a ni en anglais, ni même en latin, toute sa valeur française. Religion du peuple et du pays, culte et devise des gentilshommes, l'honneur embrasse, à la fois, ces dévouements inspirés, ces devoirs réciproques dont la chaîne liait la France au trône ; parole toute à nous, comme le prin- cipe et le sentiment qui l'ont fait jaillir du cœur et de la lan- gue de la nation !   « *L'honneur parle ; il suffit.* »

si l'on veut; mais en France il soulève encore puissamment nos âmes. La maison de Bourbon, fidèle à l'honneur aussi, ne reconnaît qu'un chef : elle s'est de nouveau réunie après l'orage, et nulle insinuation perfide ne saurait aujourd'hui la diviser. Eh bien! quand le chef de cette maison régnante, la plus antique de l'Europe, que nous n'avons pas, quant à nous, empruntée à l'Allemagne, qui est née sur notre sol, dans nos sillons; quand ces Français, nos rois, qui ont pendant quatorze siècles, partagé nos gloires, nos revers, chassé l'étranger de nos provinces, accru notre territoire et présidé à nos destinées; quand ces Bourbons du haut de leur trône nous disent qu'un Bourbon est menacé et l'honneur de la France compromis, à ce cri, tout le pays s'ébranle, l'opinion publique se décide, la confiance renaît, l'enthousiasme de l'armée éclate, et les arguments du cabinet de Saint-James n'arrêtent pas plus ce mouvement national en dedans de nos frontières, que ses armes ne l'arrêteraient au dehors. — J'allai plus loin encore dans l'expression énergique de mes sentiments royalistes et innés que toutes les énormités inconstitutionnelles des mois de juillet et d'août 1830, bien que prédites par M. Canning, n'ont pu dompter ni affaiblir. Mais ce n'est pas de moi qu'il s'agit.

Je dois expliquer toutefois que je fis connaître

aussitôt à Paris ces prophétiques menaces, en les répétant textuellement. Le conseil des ministres s'en émut : on envoya des copies de ma trop véridique dépêche aux grandes ambassades ; les Tuileries s'en inquiétèrent. « Ne transmettez plus de telles pa-« roles, » m'écrivit-on. — Je croirais manquer à tous mes devoirs, répliquai-je, si je ne faisais retentir un tel son, échappé d'une telle bouche, jusqu'aux lieux où il doit avertir et réveiller... — Je reviens à mon récit.

M. Canning s'aperçut à ma vive émotion que le trait avait porté au cœur. « Calmez-vous, calmez-« vous, mon cher jeune homme (*my dear young-« man*). Je n'ai voulu dire rien qui vous afflige et « vous blesse. Cet avenir, que la marche ordinaire « des troubles politiques peut nous permettre de pré-« voir, mais que tous nos conseils doivent conjurer, « serait un malheur pour tout le monde, et personne « n'en gémirait plus que moi. Oui, si jamais la « France se laissait tenter par l'appât d'une révolu-« tion semblable à la nôtre, révolution qui nous a « coûté tant de sang, de peines, et que le temps, ce « premier ministre de la Providence, a pu seul main-« tenir et consolider, un tel changement ne pour-« rait amener que de grands désastres dans votre « pays. Chez vous, avec vos mœurs telles que votre « esprit et votre histoire les font, le pouvoir perdrait

« ainsi son dernier prestige, et le trône toute dignité.
« J'avouerai même, avec vous, que, depuis l'extinc-
« tion des Stuarts, la légitimité est redevenue le
« palladium de l'Angleterre, et qu'elle constitue en
« Europe, au temps où nous vivons, tout ce qui reste
« d'autorité morale à la royauté. »

V.

Le ministre n'était pas toujours aussi effrayant
dans ses pronostics politiques ; mais souvent une
idée mélancolique, sorte de présage de sa fin prochaine, dominait ses entretiens. Je le trouvai un
jour solitaire et pensif dans les allées de son petit
parc de *Glocester-Lodge*. Au milieu de cette verdure des gazons anglais, plus douce à voir, plus
molle à fouler que l'herbe de nos prairies, il tenait
un livre à la main, allait d'un arbre à l'autre, et
s'arrêtait comme pour mieux jouir de leur ombrage
naissant à peine. — « Trêve pour aujourd'hui à la
« politique, » me dit-il, en me tendant la main. « J'en
« suis las. Tenez, lisons ensemble Virgile. Dans mon
« chétif domaine que vous voyez, et qui ne dépasse
« guère l'étendue des champs cultivés par le vieillard
« du Galèse, *pauca relicti jugera ruris erant*, je re-
« passais les *Géorgiques*. Voici où j'en étais ; con-

« naissez-vous rien de plus attendrissant que ces vers :

> « Hi motus animorum, atque hæc certamina tanta,
> « Pulveris exigui jactu compressa quiescent.

> « *Tous ces grands débats, tous ces mouvements*
> « *des esprits et des cœurs, un peu de poussière*
> « *qu'on jette les étouffe, et en voilà pour jamais ?*»

Après ces vers, le ministre, comme accablé par ses méditations, laissa tomber le bras qui tenait le livre. Puis, après un moment de silence, il poursuivit ainsi :

« C'est donc à cette *petite poussière* de la tombe
« que vont aboutir inévitablement nos inutiles ef-
« forts! Qu'ai-je gagné à tant de combats ? De nom—
« breux ennemis, et mille calomnies. Tantôt en-
« chaîné par la timidité de mes collègues, ou par leur
« simplicité naïve (1); tantôt retenu par le défaut
« d'intelligence de mes partisans; toujours gêné par
« le déplaisir du roi, je ne puis rien exécuter, rien
« essayer même de ce qu'une voix intime et solen-
« nelle semble me dicter. Je le disais récemment

---

(1) Expressions sarcastiques que le ministre allait, quelques heures après, répéter au parlement au sujet d'une proposition du duc de Wellington à Vérone, en parlant ainsi : « Ces « phrases où l'on ne trouve ni finesse ni habileté diplomati- « ques, brillent d'une naïve et vertueuse simplicité. »

« dans ma tristesse ; je me prends quelquefois pour
« un oiseau égaré, qui, loin de planer sur les hau-
« teurs et sur les précipices des montagnes, ne vole
« que sur des marais et rase à peine le sol. Je me
« consume sans fruit dans des discussions intestines,
« et je mourrai dans un accès de découragement,
« comme mon prédécesseur et mon malheureux
« ennemi, lord Castlereagh. Combien de fois n'ai-je
« pas été tenté de fuir, loin des hommes, l'ombre
« même du pouvoir, et de me réfugier dans le sein
« des lettres qui ont nourri mon enfance, seul abri
« véritablement inaccessible aux mensonges de la
« destinée ! La littérature est pour moi plus qu'une
« consolation : c'est une espérance et un asile... Je
« l'ai, en outre, toujours considérée comme la franc-
« maçonnerie des gens bien élevés. C'est à ce si-
« gne qu'en tout pays la bonne compagnie se dis-
« tingue et se reconnaît... Ne vaudrait-il pas mieux
« pour M. de Chateaubriand et pour moi que nous
« n'eussions jamais ni l'un ni l'autre approché de
« nos lèvres la coupe empoisonnée de ce pouvoir
« qui nous enivre et nous donne des vertiges (*gid-*
« *diness*)? La littérature nous eût rapprochés encore,
« mais cette fois sans arrière-pensée et sans amer-
« tume : car il est, comme moi, l'amant des lettres ;
« et, bien mieux que moi, il protége de ses pré-
« ceptes, si ce n'est toujours de ses exemples , ce

« goût pur et antique qui va chaque jour s'étei-
« gnant, ces traditions des grands siècles, ces rè-
« gles heureuses, hors desquelles il n'y a point de
« saine littérature : règles qu'on ne peut violer sans
« déchoir; religion de la forme et de la pensée à
« qui notre Byron est resté fidèle dans *Childe Ha-*
« *rold,* et qu'il a abjurée dans *Don Juan.*

« Combien de fois, je vous le répète, n'ai-je pas
« voulu abandonner le monde politique si turbu-
« lent, la société des hommes si indociles, pour me
« vouer tout entier à la retraite et à mes livres,
« seuls amis qui ne trompent jamais! Combien de
« fois me suis-je écrié, comme Hamlet : Mon Dieu!
« mon Dieu! que toutes les œuvres de ce monde me
« paraissent monotones, fatigantes, insipides et vai-
« nes! » Et M. Canning, levant ses yeux et son front
chauve vers le ciel, d'une voix harmonieuse qui
était un de ses plus grands charmes, prononça lentement ces vers :

«O God! ô God!
« How weary, stale, flat, and unprofitable
« Seem to me all the uses of this world!

« ... Mais toujours je ne sais quel désir de gloire,
« qu'à mon âge on ne peut nommer *ambition,* me
« ramène aux affaires publiques et m'excite. La

« gloire humaine ! déception, *mockery* ! dont l'an-
« tiquité fit une déesse, une femme, pour mieux sé-
« duire ! fantôme qui se revêt de tous les prestiges
« de l'amour du pays !... Voilà même qu'en ce mo-
« ment, où j'aimerais tant à rêver avec Virgile,
« il me faut aller tenir tête à Brougham dans la
« chambre des communes. Je sais qu'il médite de
« s'attaquer directement à moi ; mais je ne suis
« pas homme à lui céder le terrain sans coup fé-
« rir. Venez nous entendre ; je pars, et vous mène
« à Westminster. Croyez-moi, ce sera à la fois un
« exercice pour l'esprit et une étude constitution-
« nelle ; la littérature nous aide encore dans les
« nécessités du parlement. »

Je le suivis ; et, tout préoccupé qu'il était, M. Canning ne put s'empêcher de sourire à une réflexion rapide, et de me dire, en descendant avec moi de sa voiture, au milieu de la foule, à la porte du parlement :
« Dans les circonstances si critiques de nos relations
« avec la France et l'Espagne, que vont penser de no-
« tre longue conférence et de notre intimité si publique
« tous ces spectateurs et même mes collègues ? Quant
« aux vôtres, sur ce semblant, ils expédieront des
« courriers ; la bourse s'agitera ; et néanmoins nous
« n'avons traité aujourd'hui que de quelques inté-
« rêts littéraires, et nous n'avons cité autre chose que
« des vers élégants et mélancoliques. »

A Westminster, je fus témoin d'une scène violente. M. Brougham, dans une véhémente argumentation, accusa M. Canning, non sans doute d'avoir changé d'opinion sur la question catholique (car en Angleterre dire d'un homme qu'il a modifié ses opinions pour se rapprocher du pouvoir, c'est lui infliger une sanglante injure, et pourtant c'est un pays de liberté et de progrès); mais il reprocha au ministre d'avoir hésité, en quelque sorte, et *tergiversé...* A ce mot, celui-ci perdit tout son sang-froid, et se levant impétueusement : *C'est faux!* s'écriat-il d'un ton qui fit trembler les voûtes, et que je crois entendre encore... — « La chambre est outra- « gée, » répliqua aussitôt l'habile antagoniste, en s'asseyant au milieu d'un profond silence. « Je n'ai « plus qu'à me taire, c'est à elle à se venger. » — Puis survint un grand tumulte, que domina enfin le *(speaker)* président. — « Je fais la motion qu'on « arrête à la fois M. Canning, le ministre, et « M. Brougham, le jurisconsulte, » dit le malicieux M. Banks, « puisque tous deux ils ont troublé l'or- « dre de la chambre; c'est l'usage, et c'est d'ail- « leurs le seul moyen de terminer l'affaire. »

La motion est appuyée. Déjà se levait l'huissier, qui allait conduire les deux coupables sous les verrous, quand les paroles calmes et conciliatrices de M. Peel conjurèrent la tempête; et le débat prit fin après avoir jeté une égale défaveur sur la violence de M. Canning et sur les outrageuses provocations de M. Brougham.

L'orage, s'éloignant de Westminster, semblait se reformer ailleurs sur la tête de l'imprudent ministre et grossir du désaveu de ses collègues, du blâme de ses adhérents, de la haine de l'opposition, enfin du mécontentement vivement exprimé par le roi. On parla de disgrâce, de chute... Je ne les prévis pas un instant. Quand le vaisseau qui devait entraîner M. Canning dans l'exil somptueux des Grandes-Indes n'attendait plus que lui au rivage, je l'avais vu, vainqueur du roi, du ministère et de l'aristocratie, s'asseoir au gouvernail de l'État. Je ne pouvais croire que la mort du marquis de Londonderry n'eût pas une signification providentielle, et que son rival fût resté en Europe pour abandonner sitôt la scène politique...

— « Je m'attendais depuis longtemps à cet assaut « personnel, » me dit le lendemain M. Canning, avec lequel je dînais chez le prince Esterhazy, » et j'a- « vais différé de repousser les invectives de Brou- « gham contre les souverains de l'Europe ou leurs « ministres jusqu'après ma propre querelle. Main- « tenant vengé le premier, je n'en suis que plus li- « bre de venger les autres. Vous avez vu quelle « leçon brusque et sévère je lui ai donnée! — Une

« leçon! Mais qui donc l'a reçue? répliquai-je. —
« Je vous entends, reprit-il. Vous n'êtes pas encore
« initié à ces manœuvres parlementaires, qui font
« tourner au profit d'un orateur l'imprévu, et
« même tout ce qu'il a dans le caractère d'irritable
« et de prompt. Il fallait en finir avec cet aboyeur;
« mes amis me le demandaient. On dira que je me
« suis trop ému peut-être; mes adversaires parleront
« de mon échec prétendu. Certaine altière ambas-
« sadrice prodiguera à mes rivaux toutes les préve-
« nances et tous les sourires dont elle me sèvre.
« Mais j'aurai mon tour. N'y aurait-il donc de faveur
« dans les trois royaumes que pour un illustre guer-
« rier? Le duc de Wellington croit-il que, pour
« triompher, il suffise toujours d'une forte artillerie,
« de soldats nombreux, d'une épée droite et lon-
« gue? Il ne sait pas tout ce qu'il faut d'habileté ou
« de ruse, de tactique, de génie même pour manœu-
« vrer en pleine paix et pour vaincre avec une ar-
« mée de cinq cents intelligences diverses, obstinées,
« exigeantes, s'agitant sans discipline sur les bancs
« de Westminster, qu'il faut flatter, convaincre et
« dominer à la fois. »

VI.

Peu de jours après, j'entrai au *Foreign-Office* (hôtel des affaires étrangères), pendant que le duc de Wellington et lord Liverpool y étaient. Je fus reçu dans le grand cabinet du conseil, tout tapissé de cartes géographiques. — «Vous êtes, » me dit le premier ministre, « un jeune étudiant dans l'art du « gouvernement représentatif; faisons donc ensem- « ble un travail tout constitutionnel, qui ne vous « sera pas inutile plus tard. » — Là-dessus, lord Li- verpool s'approcha d'une table auprès de laquelle je m'assis avec lui : M. Canning s'assit à mon autre côté, comme si les deux ministres avaient voulu me serrer de leurs personnes autant que de leurs argu- ments. Le duc de Wellington resta debout, derrière nous, dans une attitude négligente et distraite.

« Nous avons, me dit lord Liverpool, repassé, « pendant une partie de la nuit dernière, nos anté- « cédents historiques; et jamais, depuis cent ans, « l'Angleterre n'a commencé une guerre avec une « majorité parlementaire aussi faible que celle qui « vient de se manifester chez vous. — Nos recher- « ches sont exactes, interrompit M. Canning. Voyez « plutôt. » Et pointant sur une ligne de chiffres avec sa plume : — « En 1739, le ministère Walpole,

« obligé de céder à l'opinion publique, déclara la
« guerre à l'Espagne, à la majorité de quatre con-
« tre un. — En 1756, pour la guerre contre la
« France, la majorité a été de trois contre un. —
« Dans la guerre d'Amérique, » a repris lord Liverpool, continuant la démonstration avec son
crayon; « la guerre d'Amérique! la plus malheu-
« reuse de toutes les guerres que l'Angleterre ait
« entreprises dans les temps modernes, la majorité
« fut plus forte encore, quatre cinquièmes contre un
« cinquième. — Enfin, la guerre avec la France, en
« 1793, a été votée par acclamation. Tandis que
« votre majorité actuelle, pour l'entrée en Espagne,
« n'est que de deux contre un dans vos deux cham-
« bres. »

Pendant ces calculs, le duc de Wellington regardait avec insouciance par-dessus nos têtes la
note des chiffres dressés dès la veille par ses collègues, et qu'ils m'expliquaient si complaisamment.

Je n'étais pas de force à lutter contre ces suppu-
tations mathématiques, et je me contentai de dire
aux ministres que ces guerres qu'ils venaient de
citer avaient toutes plus ou moins pour objet l'a-
grandissement de l'Angleterre et le progrès de son
commerce; que même la guerre de 1793 ne me
semblait point entièrement dépourvue de ce caractère, puisqu'elle avait donné à la Grande-Bretagne

de nouvelles colonies : mais que je les priais de s'arrêter avec moi sur cette guerre de 1793, et sur le discours de la couronne qui l'inaugura, lorsque M. Pitt proclamait que du succès de la guerre contre la France révolutionnaire dépendaient le maintien de la constitution, des lois britanniques, et la sûreté de toute société civile. Si M. Pitt, ajoutai-je, a cru devoir alors attendre le 21 janvier pour publier cette déclaration à Paris et à Londres, Louis XVIII doit-il être aujourd'hui aussi patient ?

Le duc de Wellington, toujours debout, vers qui je me retournais parfois, hochait la tête en signe d'assentiment à mes répliques. Puis, mettant la main sur mon épaule. — « Je ne suis pas aussi ferré que « mes collègues, me dit-il, sur les chiffres parlemen-« taires; mais je connais l'Espagne mieux qu'eux. « Avancez sans retards, sans hésitation, et vous « réussirez. La meilleure majorité, croyez-moi, c'est « le canon et une bonne armée. » Ce disant, il prit son chapeau et sortit. — « Vrai propos d'homme « de guerre, ». dit lord Liverpool, « mais point « d'homme d'État. — Le duc de Wellington, » ajouta M. Canning, « se croit toujours sur un champ de « bataille. Il a pourtant lui-même mis fin à l'époque « sanglante des conquêtes. D'un autre côté, il n'en-« tend rien aux dominations constitutionnelles, les « seules qui aient chance de durée maintenant. »

3

VII.

Le duc de San-Lorenzo, ambassadeur d'Espagne
à Paris, s'éloignant de sa résidence dès que l'armée
française eut franchi les Pyrénées, venait d'arriver
à Londres. Il fut accueilli avec les honneurs habi-
tuels que la populace y rend à ses favoris d'un jour.
Le *mob* s'attela à sa voiture, qui fut amenée à grands
cris dans *Portland-Place;* et, comme l'hôtel où des-
cendait l'ambassadeur était en face de celui que
j'occupais, le *mob* mit à profit ce voisinage pour jeter de la boue et casser quelques vitres chez moi. Il
est vrai que, dès le lendemain, les autorités du dis-
trict où était sise la maison m'écrivirent pour me
prier de souffrir que mes vitres fussent rétablies et
mes murs badigeonnés à leurs frais. Je refusai. Je
répondis que le crédit éventuel de cent millions,
que les chambres françaises venaient de voter
pour couvrir les dépenses *extraordinaires et im-
prévues* de 1823, nous permettrait de supporter le
dommage de quelques éclats de verre, et que,
quant aux murs, la boue qui les avait atteints sé-
cherait et tomberait d'elle-même le jour de notre
entrée à Madrid.

Peu de temps après, le lendemain du jour où le *Moniteur* avait fait connaître à Londres le discours pro-

noncé par M. de Chateaubriand le 26 avril, M. Canning reconduisant à sa voiture la duchesse de San-Lorenzo, et le duc de San-Lorenzo madame Canning, sortaient de l'Opéra, au moment où j'en sortais moi-même, donnant le bras à lady Harrowby, femme remarquable par son esprit et par l'empire qu'elle exerçait sur la société. La foule qui s'échappait des loges avait placé auprès de nous, sur le grand escalier, lord Bathurst, lord Westmoreland, lord Harrowby, membres du conseil, lord Palmerston, ministre de la guerre, enfin lord Lowther, lord Hertford, lord Lansdowne et plusieurs autres personnages distingués. A la vue du duc de San-Lorenzo, nouvel arrivant, si étrangement fêté dans la rue, le silence s'établit, et fut bientôt interrompu par M. Canning. Celui-ci, en m'apercevant, se rapprocha de moi; et, avec un geste malin, comme d'une voix haute et claire :

— « Eh bien! M. de Marcellus, vous vous ca-
« chez; vous n'osez plus venir me voir? »

Moi. — Me cacher! et pourquoi? Demain à midi je serai à Glocester-Lodge.

Dès ces premiers mots, toute l'attention se porta vers nous.

— « Non, dit le ministre, vous ne l'oserez pas. »

— Vous ignorez, répliquai-je en souriant, combien je suis confiant et hardi.

3.

M. CANNING. — « Vous ne l'oserez pas, vous ne
« l'oserez pas, je le répète. »

Un peu piqué à mon tour, je répliquai assez vivement : — « Est-ce donc une invitation ou une
« défense ? »

— « Oh! non, *my dear friend,* » répondit M. Canning, en m'offrant une main qu'il ne m'avait pas
encore tendue. « Je serai charmé de vous voir. »

La foule, après nous avoir séparés sur le grand
escalier de l'Opéra, nous réunit de nouveau dans
le salon d'attente. M. Canning, sans quitter le bras
de la duchesse de San-Lorenzo, me chercha encore,
et tout le monde écoutait.

M. CANNING. — Que d'esprit dans ce discours de
M. de Chateaubriand, et que de jeux d'esprit!

MOI. — Oui, sans doute, beaucoup d'esprit, mais
un esprit sage.

M. CANNING. — Ah! comme toujours, du brillant et
du vague.

MOI. — Non, du positif et de l'éloquence.

M. CANNING. — Il ne trouvera pas ici dix Anglais
pour l'applaudir.

MOI. — Il aura là-bas trente millions de Français
pour l'appuyer.

M. CANNING. — Disciple fanatique!

MOI. — Dites Français enthousiaste.

— « A demain, à demain! » me dit le ministre en partant et en terminant le dialogue.

Surpris de cette attaque publique et de la légèreté du ministre, l'illustre auditoire qui nous avait entourés me félicita de l'avoir repoussée. Le bruit en vint aux oreilles du roi. — « Quel singulier langage! « dit Georges IV. Canning, dans le festin que lui a « donné, ce même jour, la compagnie des négo- « ciants portugais, aurait-il donc trop prolongé les « libations du dessert?... En tout cas, je dois un dé- « dommagement à Marcellus. Il est entouré d'An- « glais malveillants, de journaux hostiles, d'un « parlement aigri, de Français conspirateurs et de « ministres offensifs. Je veux au moins qu'il sache « qu'il a le roi pour lui. C'est mon rôle d'ailleurs. « Et quand mes ministres se font radicaux, il me « semble que je puis bien, de mon côté, devenir « ultrà-royaliste. »

Le lendemain, je craignais de trouver des nuages à Glocester-Lodge; je n'y rencontrai que la séré- nité. Ce n'était plus le provocateur de la veille. Gi- sant dans son lit où le retenait la goutte, M. Can- ning me reçut dans sa chambre à coucher; puis, me montrant ses mains enflées et endolories : « Voyez, « me dit-il en souriant, voyez comme j'expie mes « malices. Une nuit a suffi pour vous venger. Je

« souffre cruellement, et n'ai pas à espérer de re-
« mède :

« Tollere nodosam nescit medicina chiragram. »

VIII.

Parmi tant de réminiscences que je retrouve dans
mes notes ou qui se pressent dans mon esprit, je n'en
ferai plus passer qu'une seule dans ces pages rapides.

Il y avait bal chez le roi ; je devais y danser d'autant plus gaiement, que mes amis et mes frères se
battaient plus vaillamment en Espagne : telle est la
règle diplomatique. M. Canning me chercha. Des
hommes politiques qui se sont parlé le matin ont
toujours, en rectification ou en prolongation d'argument, quelque chose à se dire le soir. Je fus entraîné
par le ministre loin du salon de danse, à mon très-
grand regret, je l'avoue, jusque dans l'embrasure
d'une fenêtre, où Georges IV nous aperçut ; et,
s'approchant : — « Ah ! mon cher Marcellus, me dit-
« il, les choses ont bien changé de face depuis que
« nous ne nous sommes vus. Vous triomphez en
« Espagne, et j'en suis ravi... Mais on prétend que
« le roi Ferdinand a repris pour ministres à Cadix
« les gens qui l'ont déposé à Séville : c'est une fai-
« blesse que je n'imiterai jamais. On a voulu, quant

« à moi, me faire passer pour fou ; et vous en sa-
« vez mieux que personne l'occasion et la cause, »
ajouta le roi. « Mais je le disais tout à l'heure à lord
« Liverpool : si mes ministres en venaient à déclarer
« ma folie, je pourrais bien reprendre mon bon sens,
« mais jamais mes ministres. »

M. Canning écoutait déjà décontenancé, quand le
roi se tournant vers lui : — « Que contiez-vous
« donc, Canning, au jeune représentant de la
« France ? » — Sire, a répondu le ministre se remet-
tant un peu de son trouble, je lui vantais l'excel-
lence du gouvernement représentatif, et je lui expliquais en même temps les *travaux forcés* (1) de la
chambre des communes, qui en sont la suite. M. de
Marcellus, ne pouvant être encore orateur chez lui,
est auditeur chez nous. — « Je le sais, » interrompit
le roi, « cette année, mon cher Marcellus, vous avez
« été *auditeur* dans des circonstances bien pénibles.
« Je vous ai plaint sincèrement pour tout ce qu'il
« vous a fallu entendre et supporter. Certes, si vous
« n'aviez eu *bouche close*, et si le parlement eût pu

----

(1) Expression empruntée par M. Canning lui-même au
discours si offensant de M. Brougham. — « On sait, » avait dit
le grand moqueur (ainsi le désignait M. de Chateaubriand),
« qu'après l'avoir *déporté* aux Grandes-Indes, ses collègues
« commuèrent la peine en celle des *travaux forcés* du cabinet. »

« vous écouter, vous auriez eu beau jeu à répon-
« dre. » — Sire, ai-je répliqué, le matelot oublie
l'orage dès que le calme est revenu. — « A la
« bonne heure, » a dit le roi ; « mais ne vous laissez
« pas éblouir par notre système de gouvernement
« que l'on dit si parfait. S'il a des avantages, il à
« aussi de grands inconvénients ; et je n'ai jamais
« oublié ce que m'en disait un roi, homme d'es-
« prit (1). —Votre gouvernement anglais, m'assurait-
« il, n'est bon qu'à protéger les aventuriers (2) et à

---

(1) J'ai toujours soupçonné que cet homme d'esprit, roi,
désigné par Georges IV, n'était autre que Louis XVIII lui-
même.

(2) Ce terrible mot d'*aventurier*, pour n'être pas nouveau
aux oreilles de M. Canning, ne les frappait que plus sensiblement. Mais il n'était encore tombé que des lèvres des whigs :
« Je le sais, » avait dit M. Canning à Liverpool, en 1812, « ces
« mêmes hommes qui, tout en appelant la risée publique sur
« le principe de l'hérédité des couronnes, tendent à perpétuer
« l'opposition dans leurs grandes familles, et se croient, quant
« à eux, des génies politiques héréditaires ; ces hommes, mes
« adversaires, me traitent d'*aventurier*. Je me demande, sans
« le comprendre, ce que signifie un tel reproche dans un pays
« où toutes les carrières sont ouvertes à tous. Eh bien ! oui,
« j'accepte ce titre, s'il désigne un homme qui ne veut dépen-
« dre que de sa nation, et qui, pour servir sa patrie, n'a pas
« besoin de se cacher derrière l'éclat d'une longue suite d'an-
« cêtres. »

« intimider les honnêtes gens. — Qu'en pensez-vous,
« Canning ? » — Et comme le ministre embarrassé
balbutiait et hésitait à répondre : — « Toujours est-
« il, » a continué le roi, « que, pour le bonheur du
« monde, nous ne devons souhaiter à aucun peuple
« nos propres institutions. Ce qui est à peu près bon
« chez nous, ne vaudrait rien chez d'autres : toute
« terre ne porte pas à sa surface les mêmes fruits,
« et le même minéral dans son sein. Il en est ainsi
« des nations, de leurs mœurs et de leur caractère.
« Souvenez-vous de ceci, mon cher Marcellus, c'est
« ma conviction inaltérable. » — Et sans attendre de
réponse, Georges IV nous tourna le dos, en me
lançant à la fois un regard et un sourire malins.

M. Canning, tout à fait déconcerté, eut peine d'a-
bord à retrouver son sang-froid. Puis, me pressant
vivement le bras : — « Le gouvernement représen-
« tatif, » me dit-il avec amertume, « est encore bon
« à une chose que Sa Majesté a oubliée. Il fait que
« des ministres essuient sans répliquer les épigram-
« mes d'un roi qui cherche à se venger ainsi de
« son impuissance... »

Je finis par ce fragment d'une lettre que, le lendemain du bal de *Carlton-House,* j'adressais à M. de
Chateaubriand :

« M. Canning a besoin de se relever : en dépit de
« son engouement momentané pour la nation espa-

« gnole, il favorisera l'émancipation de ses colonies,
« et fera, sur ce point comme sur quelques autres,
« moins ce qui est juste et raisonnable que ce que
« lui commanderont l'opinion et l'intérêt mercantile :
« cette opinion dont il est l'esclave, son prédéces-
« seur lord Londonderry aimait à l'affronter. Par
« des harangues obscures et inélégantes, celui-ci
« faisait rire ses antagonistes que son air impas-
« sible déconcertait, et que son intrépidité faisait
« trembler aussi. M. Canning, au contraire, séduit
« ses ennemis comme ses amis, et les éblouit égale-
« ment par la supériorité de son éloquence. Il sait
« bien que jusqu'ici il ne pèse dans les conseils
« de la couronne que du poids d'une popularité
« conquise, à droite et à gauche, par son talent
« oratoire. »

J'ajoutais : « Vous voudrez bien excuser la témé-
« rité de mes jugements. Il me semble que je me
« suis laissé entraîner à oublier avec vous le pré-
« cepte de Quintilien : *Modeste tamen , et circum-*
« *specto judicio de tantis viris*, etc., etc., et que je
« pourrais bien avoir blâmé en ces grands person-
« nages ce que je ne sais pas y comprendre. »

POLITIQUE

DE

LA RESTAURATION.

—

M. DE CHATEAUBRIAND.

AVIS.

On vient de voir mes relations intimes avec
M. Canning. On va trouver ici mes premiers rapports d'affaires publiques avec M. de Chateaubriand; et si, renversant l'ordre de la chronologie,
je place, comme avant-propos d'un épisode, ou
comme prologue d'un drame, quelques scènes qui
l'ont suivi, c'est que j'y rencontre tout à la fois

l'explication, le corollaire de ma publication et mon
excuse d'éditeur. Dans le premier de ces entretiens,
l'auteur du *Génie,* en 1837, préoccupé de l'avenir,
cherchait encore à faire retentir au loin son renom
politique. Dans le second, en 1846, lassé du monde
et de tout, il ne pensait plus qu'à la tombe, et laissait sa réputation aller, disait-il,

« Au gré de la fortune, et de l'onde, et du vent. »

M. DE CHATEAUBRIAND.

I.

Nous étions en 1837. Je me trouvais, un matin, dans le cabinet de M. de Chateaubriand, seul avec lui. — «Nous avons fait autrefois de l'*histoire* en-« semble, me dit-il; maintenant, il faut l'écrire. On « m'y force. On a tant déprisé et si mal connu cette « courte époque de la Restauration pendant laquelle

« j'ai été ministre, que je ne puis me résoudre à
« mourir sans avoir rétabli la vérité. Je dirai tout,
« ou presque tout ; et je donnerai, le premier dans
« notre époque, l'exemple de dépêches confiden-
« tielles exposées en plein soleil, au grand effroi
« de nos archivistes. Je vais manquer, sans remords,
« à la discipline, et divulguer le mot d'ordre. Mais
« c'est sans danger ; il y a longtemps que la senti-
« nelle a été relevée, et que la place est prise. La
« gravité de nos mystères diplomatiques y perdra
« quelque chose peut-être ; mais notre caractère
« national, soyez-en sûr, y gagnera. Voici ce que
« je compte dire pour expliquer et pour justifier
« mes révélations. » Et, prenant quelques feuilles
tracées de sa grosse et large écriture, à cinq ou six
lignes la page, encore toutes surchargées de ra-
tures, il lut ceci :

« Si, comme la plupart des secrétaires d'État,
« nous avions commandé des dépêches à nos chefs
« de division, nous contentant de minuter la marge...
« — Comprenez-vous ? » me dit-il en s'arrêtant. —
Je comprenais à merveille ce trait décoché contre
M. de Talleyrand, dont c'était l'usage, et dont le
crayon marginal se voit encore sur les papiers de
l'époque. M. de Talleyrand, bête noire ou plutôt
violette (grâce pour le jeu de mots) de M. de Chateaubriand, lequel sous le costume diplomatique du

prince de Bénévent, n'avait jamais voulu voir que la mitre de l'évêque d'Autun. — « De pareilles dé-« pêches, continua-t-il, n'auraient de valeur que « celle des documents de fabrique, faits à la ma-« chine des bureaux ; mieux vaudrait sans doute « alors compulser ces banalités politiques, pour en « extraire une histoire. Mais peu de diplomates se « sont trouvés dans notre position ; le hasard une « fois avait placé dans un emploi éminent un « homme ayant l'usage d'*écrire*. De là, notre corres-« pondance porte l'empreinte d'un caractère *indivi-« duel* : sorties de notre tête, nos lettres sont de « notre main. On a vu nos ouvrages littéraires, on « va voir nos œuvres diplomatiques, mêlées aux « lettres que nous recevions des rois, des ministres, « des généraux et des ambassadeurs. »

Je hasardai quelques objections sur la portée de ces confidences, où pouvaient figurer les noms de quelques tiers non consentants. — « Bah ! » me répondit M. de Chateaubriand, « la Ferronnays m'a déjà ra-« conté ses scrupules et les vôtres. Rassurez-vous : « j'ai beaucoup retranché pour vous plaire. Vous me « coûtez, tous les deux, quarante mille francs (1).

_____

(1) Pour l'intelligence de ce paragraphe, il est bon de sa-voir que, aux termes des engagements de l'auteur avec la société chargée exclusivement de l'impression de ses œuvres,

4

« — Soit, quarante mille francs, repris-je, plutôt
« que des regrets trop tardifs. — Non, vous ne vous
« êtes pas suffisamment l'un et l'autre mis par la
« pensée en dehors de votre siècle et des affaires.
« Pour juger d'un effet de ton, il faut se placer à
« distance. C'est en disant tout qu'on se distingue de
« la foule des hommes d'État boutonnés et méticu-
« leux. J'ai conçu la diplomatie sur un nouveau plan ;
« je parle tout haut. Vous aviez tort de redouter mes
« révélations ; elles ne pouvaient que vous faire hon-
« neur. Je vous le prédis : vous ferez plus tard, quand
« vous croirez le danger amoindri, la Ferronnays
« ou vous, et par le même motif, ce que vous m'em-

---

chaque volume en dehors des *Mémoires d'outre-tombe* devait lui être payé sur le pied de vingt mille francs. Nos réclamations, unies à celles de plusieurs des sociétaires eux-mêmes,
firent opérer tant de suppressions dans l'histoire du *Congrès
de Vérone*, que les quatre volumes, déjà imprimés presque en
entier, dont l'ouvrage devait se composer primitivement, furent réduits à ses deux volumes actuels. M. Delloye, qui s'é-
tait chargé de les publier, détruisit, m'a-t-il dit, tout le sur-
plus imprimé des volumes. Il n'en garda qu'un seul exemplaire en feuilles, sur lequel il nota lui-même pour sa justification, de sa main et à la marge, les retranchements deman-
dés, refusés ou consentis. Or, cet exemplaire, s'il existe encore, et si la frénésie des éditions *princeps* et des raretés bi-
bliographiques se maintient, ne peut manquer d'exciter un
jour une véritable curiosité.

« pêchez de faire maintenant. D'avance, pour mon
« compte, je vous y autorise.

« Quoi donc ? Est-ce que les lettres de d'Estrades
« et de Torcy ne jettent pas un grand jour sur les
« annales de leur temps ? Et *les Négociations* de
« Jeannin ?... Ce ne sont là pourtant que les éma-
« nations de nos archives. Tout récemment encore
« le public a-t-il trouvé mauvais que M. de Saint-
« Simon y ait été admis pour en extraire un supplé-
« ment aux satires de son aïeul ? Non, non, croyez-
« moi, il ne s'agit pas ici de ménager quelques
« amours-propres. Nous n'avons, quant à nous,
« rien à cacher. Ce n'est pas notre pudeur qui a
« besoin d'un *huis clos*. Je suis mieux placé qu'un
« autre pour tout dire, puisque apparemment j'ai su
« tout mieux que personne ; et vous me connaissez
« assez vous-même pour comprendre que je ne m'ar-
« rêterai devant aucune vérité, me fût-elle défavo-
» rable : car, en définitive, je n'attache aucun prix à
« quoi que ce soit.

« Mais quoi ! faudrait-il par hasard attendre, les
« plumes croisées, qu'il plût à nosseigneurs des ar-
« chives d'entrouvrir *l'armoire aux secrets*, pour les
« historiens tels quels *de leur choix ?* Et devons-nous
« ainsi fier, sans garantie, notre réputation à leur
« véracité ? Ces directeurs de nos arcanes, si malléa-
« bles, et prosternés pendant mon règne *devant les*

4.

« *décrets de mon génie*, se redresseront-ils fière-
« ment, tout de suite après mon passage, entre mes
« dépêches et moi pour m'en interdire l'accès?
« Non, l'histoire est pour tout le monde; son flam-
« beau, juge et arbitre, doit luire aux yeux de tous.
« L'époque rapetissée qui nous a succédé appren-
« dra quels furent ses devanciers. Je la défie de
« dire, à son tour, ce qui s'est passé depuis sept
« ans avec cette même sincérité qui me fait mettre
« à nu mon ministère. Ah! si jamais la chronique
« intime de cette substitution d'un régime sans nom
« au système légitime nous était révélée, quels
« étranges mystères épouvanteraient la droiture et
« l'honnêteté de nos cœurs! Nous n'avons plus pour
« nous que notre loyauté et notre constance; il faut
« les montrer. La fidélité, qui était jadis le plus sim-
« ple des devoirs, est montée au rang de vertu,
« depuis qu'elle est si peu pratiquée. Enfin, si les
« grands seigneurs cousus d'or en font peu de
« cas, elle bat encore, qu'on le sache bien, dans la
« poitrine de quelques gentilshommes de province
« déguenillés !...

— « Mais, me dira-t-on, comment vous, qui com-
« battiez les indiscrétions de M. de Chateaubriand,
« allez-vous les renouveler? »

Je réponds d'abord que, aidé du temps, il m'a
ramené à son opinion, et que ce n'est pas, certes,

la première fois : ensuite, que ce que j'ai à faire connaître est uniquement le développement et l'accessoire de ce qu'il a lui-même publié ; qu'il ne peut en résulter rien que d'honorable pour sa mémoire et de glorieux pour la France ; que cette Restauration tant oubliée, *notre meilleur temps d'arrêt sur la pente des révolutions*, comme il l'a intitulée lui-même, vaut bien qu'on en parle encore. Enfin, et ce dernier mot tranche la question, ces lettres appartiennent à la correspondance intime, inaugurée avant mes fonctions de Londres par nos souvenirs communs de Jérusalem, et continuée dans tous les temps, que le grand écrivain m'avait permis d'entretenir avec lui. Or, ces mêmes lettres, dont les originaux sont restés dans mes mains ou dans les siennes, n'ont jamais figuré ni laissé de traces dans les archives de l'État (1). — Et comme je prenais congé de M. de Chateaubriand : « Il est temps, je

---

(1) « Mais après une si longue suite d'années, après vingt-
« cinq ou trente ans, peut-on dire qu'il y a un secret d'Estat
« de ne pas divulguer des lettres, qui ne contiennent autre
« chose que des affaires du tout terminez... Sa doctrine, sa
« preud'hommie, et la profonde cognoissance qu'il avoit de
« tous les interests des princes de la chrestienté, surtout l'a-
« mour grand et incomparable qu'il avoit pour son pays, pa-
« roissent en toutes les pages de ce livre ; mais avec une telle
« candeur et liberté, que ceux qui estoient lors ennemis de la

« vous assure, me dit-il, que cette époque de la Res-
« tauration soit connue, et qu'on lui rende enfin jus-
« tice. Il ne faut pas que toutes ces royales superche-
« ries dont nous sommes chaque jour témoins aient
« le pouvoir d'obscurcir la vérité. Les trahisons de fa-
« mille ne sont jamais des nécessités politiques. Ces
« traits de *foi mentie*, ces usurpations de sang, ont
« beau se draper d'un lambeau de pourpre et se pava-
« ner sous une couronne éphémère, tout ce vernis doit
« tomber devant un œil observateur. De tels actes,
« mis en vue de tous, portent avec eux leur peine
« et leur fruit : ils enfantent la démoralisation géné-
« rale par la contagion de l'exemple et par l'appât
« d'une riche récompense attachée à la déloyauté ;
« enfin, ils font au corps social plus de plaies que
« tout le zèle administratif et la prospérité maté-
« rielle n'en sauraient guérir. N'en doutez pas, la
« France ne pardonne jamais les fautes contre l'hon-
« neur, surtout quand elles profitent : l'or et le
« diadème les font ressortir, loin de les voiler. Ces
« serments pris, quittés et repris comme la haire et la
« cuirasse de Joyeuse, ne peuvent consolider que

« France et du feu Roy, le craignoient et le révéroient tout
« ensemble. »

(Cette citation est extraite de l'*Avis au lecteur* des Lettres
du cardinal d'Ossat, publiées sous Louis XIII.)

« l'immoralité ; par conséquent, ils fonderont le dé-
« sordre, et non une dynastie. Sous la Restauration,
« nous étions des géants auprès des cirons d'aujour-
« d'hui ; et notre probité tranche vivement sur la
« corruption qui l'a suivie. Quant à notre dignité,
« jugez-en. Cette Angleterre, qui nous voit si hum-
« bles depuis 1830, vous souvenez-vous comme nous
« la tenions de court en 1823 ? Ne lui avez-vous pas
« vous-même, dans la note que vous envoya M. de
« Villèle, *proposé la partie ?* On reconnaîtra que,
« sous ma gestion des affaires, nous portions au loin
« la tête aussi haut que le cœur, et que j'ai voulu
« donner aux Bourbons une armée fidèle, une cam-
« pagne glorieuse ; à la France, son indépendance de
« l'étranger, l'affranchissement des traités de Vienne ;
« et enfin rajeunir l'antique race de ses rois. Il faut
« qu'on l'avoue : sous la Restauration, la liberté
« avait remplacé dans nos mœurs le despotisme ; la
« nature humaine s'était relevée ; il y avait plus
« d'air dans la poitrine, comme disait madame de
« Staël ; la publicité de la parole avait succédé au
« mutisme ; les intelligences et l'esprit littéraire re-
« naissaient ; et bien que le Français soit né courti-
« san, n'importe de qui, toujours est-il qu'on ram-
« pait moins bas.

« Je vous le répète, je ne veux pas, pour l'hon-
« neur de nos annales, que la Restauration reste

« étouffée sous la vulgarité des temps qui sont ve-
« nus après elle ; et, certes, il ne tiendra pas à moi
« qu'elle ne reprenne et ne garde le rang qui doit
« lui être assigné dans l'histoire. »

Voilà donc ce qui s'était passé en 1837 ; voyons
ce qui eut lieu en 1846.

II.

Le journal *le National* du 8 avril, dans un article intitulé : *Point d'histoire à éclaircir; traité secret de Vérone,* disait :

— « Il y a deux ans, nous lûmes dans le *Morning-*
« *Chronicle* deux articles d'un traité secret conclu à
« Vérone. C'était le correspondant de ce journal à Lis-
« bonne qui faisait cette révélation, que nous repro-
« duisîmes sans la garantir. M. de Chateaubriand nous
« écrivit le lendemain qu'il n'avait existé aucun traité
« secret à Vérone, et que les faits publiés par le jour-
« nal anglais étaient controuvés. Le correspondant
« de cette feuille nous écrivit quelque temps après
« pour justifier son assertion. Nous n'avions pas le
« désir de prolonger cette polémique ; et l'on ne nous
« avait pas mis dans les mains des preuves suffisantes
« pour balancer la parole de M. de Chateaubriand.—
« Le caractère anglais est peu ductile, et sa téna-
« cité ne cède guère que devant l'évidence. Or,

« l'auteur de l'article que nous avons reproduit il y
« a deux ans, étant arrivé à Paris, s'est empressé
« de venir nous fournir le texte précis des docu-
« ments qui avaient formé sa conviction. »

A la suite de ce préambule, venait le soi-disant
traité secret de Vérone, en sept articles, extrait de
l'*American-Diplomatic-Code*, de Jonathan Elliot
(comprenant les conventions entre les États-Unis et
les puissances étrangères de 1778 à 1834), et d'un
recueil périodique imprimé à Baltimore (*Nile's
Weekly Register*). Le traité portait la date du
22 novembre 1822, et les signatures de — pour
l'Autriche, *Metternich;* pour la France, *Chateaubriand;* pour la Prusse, *Bernstet;* pour la Russie,
Nesselrode. —

Le 9 avril, la *Gazette de France* réfuta l'article
du *National* de la veille.

Le 10 avril, aux probabilités négatives de la *Gazette*, le *National*, fortifiant son article de la sur-
veille, opposa la versatilité de la plume de M. de Chateaubriand; et le 11 avril, revenant à la charge, il
expliqua, en outre, que le traité secret avait été,
en 1823, traduit sur l'original français par le *Morning-Chronicle* à Londres, « journal qui, à propos
« de ce qui s'est passé à Vérone, a reçu, dit-il, plus
« d'une communication à laquelle M. Canning n'é-
« tait pas étranger... »

Le 11 avril aussi, le *Courrier* et l'*Écho français*, entrant d'eux-mêmes en lice, commentèrent le traité secret, et la fusillade s'engagea sur toute la ligne de la presse pour ou contre son authenticité.

Ce même jour, je m'acheminai vers la rue du Bac, muni de toutes les gazettes affirmatives ou négatives, et j'entrai chez M. de Chateaubriand.

Je le trouvai dans sa chambre à coucher du rez-de-chaussée donnant sur le jardin; habillé à demi, affaissé sur lui-même, assis sur une chaise à côté de son feu, auprès d'un fauteuil où gisaient déployés l'un sur l'autre de nombreux journaux, entre son lit et sa grande table à écrire. Sur le coin de ce bureau étaient des manuscrits, petits in-quarto pressés sous des cartons verts et serrés de cordons. On lisait sur le carton supérieur, dans sa largeur : *Mémoires d'outre-tombe. Onzième volume.*

M. de Chateaubriand me reçut avec un sourire triste, me tendit la main, et me dit quelques paroles d'amitié; puis, je m'assis auprès de lui, et j'en vins tout de suite au fait.

Partant de l'article du *National* et de la polémique des trois derniers jours, je lui expliquai que je connaissais mieux que personne l'histoire *secrète* de ce prétendu traité secret; que ce document avait beau se dire natif de Vérone, marqué à sa naissance du sceau de la langue diplomatique de l'Europe, et

issu en droite ligne des plénipotentiaires des cours
unies par la Sainte-Alliance, il n'en était pas moins
originaire de Londres, où il était sorti, tout armé de
style anglais, du front d'un seul créateur ; enfin, que
jamais, à ma connaissance, il n'avait paru en français ailleurs que dans les colonnes du *National*,
où sa traduction n'avait pas été suffisamment revue
et corrigée.

Je dis encore que, pendant ma gestion des affaires de France à Londres, en 1823, cet article, fa-
briqué tout chaud pour les presses du *Morning-
Chronicle*, avait attiré mes regards ; que le jour
même de son apparition, « le prince Esterhazy pour
« l'Autriche, le baron de Werther pour la Prusse, le
« comte de Lieven pour la Russie, et moi pour la
« France, » nous avions reconnu en lui une de ces
tentatives journalières combinées pour agir sur les
fonds publics d'un côté du détroit comme de l'autre ; et qu'après avoir unanimement pensé que, par
son caractère apocryphe, il portait en lui-même sa
condamnation et son antidote, comme il ne méritait
pas une réfutation sérieuse, nous nous étions bornés à le faire démentir à Londres, sans commentaire et sans signature, dans le *New-Times*, journal
du matin, et dans le *Sun,* journal du soir.

J'ajoutai qu'au moment de l'éclosion artificielle de
ce traité secret, M. Canning m'en avait parlé légè-

rement à Glocester-Lodge, mais sans le soumettre à
aucun examen politique ou grammatical, et le ran-
geant lui-même parmi ces documents que la presse,
disait-il,

« Supposita de matre nothos furata creavit. »

— Sans doute, lui avais-je répondu, il est bien
bâtard, et il en porte tous les signes. C'est un produit de fabrique anglaise, et je pourrais montrer
dans le *Strand* la boutique d'où il sort. — « Ah!
« vous connaissez donc nos ateliers de *Forgery ?* »
— Oh! non, pas plus que votre ambassadeur à Paris
ne connaît les laboratoires de nos gazettes. —
J'offrais à M. de Chateaubriand de publier le jour
même cette explication revêtue de ma signature,
disposé que j'étais à tout dire. J'éprouvais néanmoins quelque honte à corroborer, comme s'il en
avait eu besoin, le démenti qu'il avait donné lui-
même deux ans auparavant; mais je comptais me
présenter pour parer la seconde botte, soit en me
disant autorisé par lui, s'il le souhaitait, soit en ne
prenant conseil que de mon indignation d'une telle
supercherie. En cette occasion, comme jadis, je n'a-
vais voulu agir qu'avec son consentement, ou d'a-
près ses directions et ses ordres.

« En vérité, mon cher ami, » me dit M. de Chateau-

briand, avec un rire intérieur et prolongé qui
secouait sa tête blanchie et ses épaules recour-
bées, « je ne sais trop que vous conseiller. Mais,
« avant tout, je vous remercie. Faites ou ne faites
« pas, je vous en laisse entièrement le maître.
« Quant à moi, je ne dirai plus rien, et voici pour-
« quoi. Vous aurez beau préciser, citer, rapprocher
« les dates, entasser des montagnes de négations,

    « Ossa sur Pélion, Olympe sur Ossa,

« on ne vous croira pas plus qu'on ne m'a cru ;
« ou, pour m'exprimer mieux, on nous croira l'un
« et l'autre, mais l'on dira tout le contraire... Vous
« êtes bien naïf encore, si vous pensez que nos en-
« nemis cherchent la vérité. Remarquez bien qu'on
« fait seulement semblant de courir après elle, et
« que, si par hasard et comme malgré soi on par-
« vient à l'atteindre, on s'en détourne bien vite, et
« on court ailleurs. Il y a tant de gens qui n'auront
« jamais lu dans l'histoire que ce qu'ils voulaient y
« lire ! Tout cela me demeure parfaitement indiffé-
« rent, et ne m'empêche ni de dormir, ni même de
« m'ennuyer. J'en suis venu, je vous l'avoue, à re-
« gretter le bon temps où ces coups d'épingle avaient
« au moins le don de me chatouiller. » — Puis, ses
yeux commençant à étinceler sous son attitude acca-

blée : « Je sens, d'ailleurs, que, tout innocent que
« je suis, les journaux sur ce point, comme sur tant
« d'autres, auront toujours raison de moi et de ma
« candeur. J'aime donc mieux me rendre tout de
« suite, et passer condamnation.

« Oui, mon frère, je suis un méchant, un coupable.

« Je suis un de ces infâmes émigrés, un de ces
« gentilshommes décrépits, ivres de droit divin, qui
« ont toujours foulé aux pieds les institutions et les
« intérêts de la France ; qui ont signé sa dégrada-
« tion à Vérone, et son avilissement dans la cam-
« pagne d'Espagne : intelligences arriérées, hostiles
« à tout progrès, dénuées de tout talent, qui ont
« appauvri leur siècle, et l'ont fait reculer jusqu'à
« la barbarie. Pour ma part, après avoir lutté dix
« ans contre le despotisme de la gloire, il paraîtrait
« que j'ai visé à fonder un despotisme abrutissant,
« et que l'on m'a vu, en bon lieu, baiser la mule
« des autocrates. N'ai-je pas aussi, pour surcroît de
« niaiserie, renoncé à tout traitement, pension ou
« autre émanation du trésor, parce que je n'ai pas
« su, comme tout le monde, trembloter à propos
« mon petit serment (1)? — Voilà ce que je laisse

_____

(1) M. de Bonald m'a dit un jour : «Pour remplacer la
« torture du corps, que Louis XVI venait d'abolir, la révolu-

« dire en public; mais quand on me parle de ces
« choses en particulier, je réponds sur le même ton,
« ou à peu près : — Sans doute, la découverte de ce
« traité secret de Vérone est un événement. Encore
« une perle pour les historiens futurs! Ces habiles
« fossoyeurs ont artistement déterré. Ils ont pour
« cette fouille heureuse bien mérité de la patrie...
« Il n'y a là ni un mot, ni même une apparence de
« vérité; mais c'est grand dommage! car l'histoire
« serait bien plus jolie comme cela. — Qui sait ?
« Peut-être me prouveront-ils à moi-même qu'ils
« ont raison; ils ont pour eux une logique toute
« neuve, née en juillet, droite et consciencieuse
« comme le gouvernement qu'ils ont créé. Voici
« l'enchaînement; suivez-le bien. — M. de Cha-
« teaubriand n'a jamais voulu se rallier à Louis-
« Philippe : il n'a jamais voulu comprendre que la
« charte de 1830 n'avait guère, en plus et en
« moins de l'autre, que deux petits noms propres,
« pris dans la même famille encore; il n'a pas ad-
« mis cette subtile déviation de son dogme favori,

« tion créa le serment, qui est la torture perpétuelle des cons-
« ciences. » — Et M. de Chateaubriand me disait en 1834 :
« Autrefois la fidélité n'était tout simplement qu'une règle de
« l'honneur; depuis qu'elle est devenue vertu civique, des
« princes, parjures eux-mêmes, ont dirigé contre elle le serment,
« pour lui donner la couronne du martyre. »

« cette innocente égratignure à son principe, cette
« greffe adroite du quasi-électif sur le quasi-légi-
« time. Donc M. de Chateaubriand n'aime ni le gou-
« vernement représentatif ni la liberté de la presse ;
« donc, il a cherché à les étouffer l'un et l'autre à
« Vérone ; donc, il a signé le traité secret ; donc...
« Je vous le déclare, s'ils m'accusaient d'avoir as-
« sassiné mon père, je n'essayerais pas de le nier
« aujourd'hui, parce que demain ils me démontre-
« raient, de quelque façon, que je me suis défait de
« ma mère aussi ; et, sur ma seconde protestation,
« ils feraient entrevoir, en outre, que j'ai bien un
« peu guillotiné M. de Malesherbes..» —Alors, avec
un éclair de génie qui a traversé ses yeux et
apaisé un instant ses amers sourires :—«Misérables
« musiciens! s'est-il écrié, qui torturent un instru-
« ment admirable pour en tirer des sons aigres et
« faux, au lieu de lui faire rendre de divins ac-
« cords!... »

— Mais cependant, ai-je repris, vous le voyez,
l'absurdité surnage. Cette calomnie, que nous avions
crue noyée à Londres, plongeait jusqu'en Amérique,
d'où elle revient, après vingt ans, sur le vieux sol
de l'Europe. Ne craignez-vous pas qu'elle finisse par
y prendre racine, et qu'on ne la regarde, plus tard,
comme un *fait acquis au procès ?* Un mensonge n'est
pas plutôt répété deux ou trois fois, qu'il devient

vérité... — « Eh! que m'importe! mon cher ami;
« croiriez-vous donc aussi à l'impartialité de l'his-
« toire?. Vous ne voulez pas voir comme on l'é-
« crit de votre temps. Je suppose que, cédant,
« vous, à votre susceptibilité que j'admire, et moi à
« l'influence de votre exemple, nous allions l'un et
« l'autre aujourd'hui nier, avec serment si vous
« voulez, ce qui, à mon sens, en vaut si peu la
« peine; voici ce qui va arriver. Demain tous les
« journaux riposteront à nos démentis. Deux ou
« trois battront des mains, je vous l'accorde. Mais
« comme ils sont nôtres, ils sont dès lors récusés.
« Parmi le reste, les plus impolis diront : *Ils nient,*
« *donc c'est vrai;* les plus rusés commenteront l'a-
« dage : *Tout mauvais cas est niable;* quelques-uns
« amplifieront ceci : *S'il ne l'a fait, il était bien*
« *capable de le faire.* Plusieurs, se croyant en voix,
« chanteront sur un air à eux :

> « Si ce n'est lui, c'est donc son frère.
> « Il n'en a point : c'est donc quelqu'un des siens. »

    —(Je n'avais jamais vu, sur aucun sujet, M. de Cha-
teaubriand s'armer d'autant de verve, de causticité,
et d'autant de souvenirs de sa mémoire classique.)

    « Continuons : Les plus huppés parmi nos journa-
« listes, les loyaux enfin, et il y en a, iront aux mi-
« nistres, grands écrivains eux-mêmes de l'histoire
« tant ancienne que moderne, mes successeurs au

5

« pouvoir et mes collègues à l'Académie. — Que faut-
« il penser de ce traité secret? demanderont-ils. —
« Tout ce que vous voudrez, répondra-t-on. — Mais
« ce traité existe-t-il? — Je ne sais point. — Les ar-
« chives l'ont-elles? — Je ne crois pas. — Eh bien!
« démentez-le vous-mêmes; ce serait juste et hon-
« nête. — Qui, nous? faire les affaires des autres?
« Allons donc!... Cela regardait la France légiti-
« miste; distinguons bien : la France quasi-légiti-
« miste n'a rien à y voir. Il y a entre l'une et l'au-
« tre, voyez-vous, toute l'épaisseur d'une *doctrine.*
« — Mais si on vous interpelle dans les chambres
« sur ce traité secret? — Je me tairai; ou si je parle,
« j'aurai pris la précaution de demander d'avance à
« *ma* majorité ce que je dois en dire. — Voilà ce qui
« se passera, soyez-en sûr; et le tout s'intitulera
« après comme devant : *Point d'histoire à éclair-*
« *cir...* Avec nos démarches et notre bruit, nous
« aurons accru l'universel tapage, qui durera huit
« grands jours; après quoi tout sera oublié. J'aime
« mieux qu'on m'oublie tout de suite... »

Et il s'arrêta comme épuisé par tant de malice.
Je repris après un moment de silence : — Mais enfin, ce traité pseudonyme, l'avez-vous lu? —
« Non, vraiment, j'aurais trop à faire si je lisais
« toutes les balourdises et toutes les palinodies
« qu'on me prête. Il ne me resterait plus de temps

« pour écrire la vérité, ou du moins ce que je crois
« être la vérité ; car il me semble que parfois le
« scepticisme du siècle me gagne. On me parla, il
« y a deux ans, de ce traité, illégitime comme tout
« le reste ; et j'écrivis, à ce qu'il paraît, au *Natio-*
« *nal*, que le fait d'un traité secret signé par moi
« à Vérone était absolument faux. J'avais oublié
« cette lettre ; mais puisque le *National* prétend
« que je lui ai écrit, je le crois sans autre preuve,
« moi qui suis bon homme. » —J'insistai.—Eh bien,
de grâce, lisons ensemble ce traité secret qui
porte si bien le cachet de son origine. — « Comme
« il vous plaira ; cela m'ennuiera sans doute, mais
« après tout, l'ennui est mon élément ; j'ai com-
« mencé à m'ennuyer dans le ventre de ma mère,
« et oncques depuis ne me suis désennuyé (1).

---

(1) « Tout me lasse, » me disait M. de Chateaubriand un soir
que nous revenions des solitudes du parc de Kensington, sa
promenade favorite ; « tout me lasse, et je vais partout bâil-
« lant ma vie. » — Puis, tandis que, dans mon cabinet, je
plaçais sur mes notes journalières cette expression échappée
de sa bouche avec un bâillement véritable, le grand écrivain
la consignait, de son côté, dans la partie de ses *Mémoires*
qu'il rédigeait alors. Je l'y ai retrouvée sous cet ajouté, qui
ôte quelque chose, non sans doute à l'exactitude, mais à la
naïveté primitive du sentiment. « Tout me lasse ; je remorque
« avec peine mon ennui avec mes jours, et je vais partout
« bâillant ma vie. »

« L'ennui! il ne me reste plus que cela; et voyez à
« mon ennui naturel quelle masse d'ennui les jour-
« naux ajoutent! » Ce disant, il soulevait dédai-
gneusement, du bout de ses pincettes, le tas de gazettes quotidiennes déposé sur le fauteuil au coin de
la cheminée...

Je commençai à lire :

TRAITÉ SECRET DE VÉRONE.

— Les soussignés, spécialement autorisés à faire
quelques additions au *Traité de la Sainte-Alliance*,
après avoir échangé leurs pouvoirs respectifs, sont
convenus de ce qui suit :

ARTICLE 1ᵉʳ. Les hautes parties contractantes, convaincues que le système de gouvernement *représentatif* est aussi incompatible avec les principes monarchiques que la maxime de la souveraineté du
peuple avec le droit divin, s'engagent mutuellement,
de la manière la plus solennelle, à user de tous leurs
efforts pour anéantir le système du gouvernement
représentatif dans toutes les contrées de l'Europe
où il peut exister, et pour empêcher son introduc-
tion dans les États où il est encore inconnu. —

« C'est la première fois, » interrompit M. de Chateaubriand, « que je vois intervenir en toutes let-
« tres, dans un traité public ou secret, la *souverai-*

« neté du peuple et le droit divin ; le traité de la
« Sainte-Alliance lui-même, dicté par madame de
« Krudener, n'est pas si explicite. »

—Art. 2. Comme on ne peut douter que la liberté
de la presse ne soit le moyen le plus puissant employé par les prétendus défenseurs des droits des
nations, au détriment de ceux des princes, les
hautes parties contractantes promettent réciproque-
ment d'adopter toutes les mesures propres à la supprimer, non-seulement dans leurs propres États,
mais aussi dans le reste de l'Europe. —

M. DE CHATEAUBRIAND.

« Supprimer la liberté de la presse, moi? Moi
« qui ai crié sur les toits cet axiome, que, sans la
« liberté de la presse, toute constitution représenta-
« tive est en péril? Moi qui, le premier en France,
« ai fait et mené à bien une guerre, en présence de
« cette liberté ? »

—Art. 3. Convaincues que les principes de religion
contribuent très-puissamment à maintenir les nations dans l'état d'obéissance passive qu'elles doivent à leurs princes, les hautes parties contractantes déclarent que c'est leur intention de soutenir,
dans leurs États respectifs, telles mesures que peut
adopter le clergé, dans le but d'améliorer ses pro-

pres intérêts liés si intimement avec la conservation
de l'autorité des princes. Les hautes parties contractantes offrent en outre leurs remercîments communs
au pape pour ce qu'il a déjà fait pour eux, et solli-
citent sa coopération constante à leurs vues pour
soumettre les nations. —

M. DE CHATEAUBRIAND.

« Je ne crois pas avoir jamais parlé de la religion
« et du clergé en termes aussi amphigouriques ;
« mais, en tous cas, je les aurais mis à l'article pre-
« mier. A tout seigneur, tout honneur. Et j'aurais
« donné à la religion la préférence sur la politique
« humaine, et même sur la liberté de la presse.
« Quant au pape,

« ..... On ne s'attendait guère
« A voir le pape en cette affaire. »

« Et surtout à ce qu'un empereur schismatique et
« un roi hérétique en vinssent à lui offrir des actions
« de grâces et des encouragements dans un traité
« secret qu'il ne signait pas. »

Art. 4. La situation de l'Espagne et du Portugal
réunit malheureusement toutes les circonstances
auxquelles ce traité a plus particulièrement rapport.
Les hautes parties contractantes, en confiant à la
France le soin d'y mettre fin, s'engagent à l'assister

de la manière qui peut le moins les compromettre
avec leurs peuples et le peuple de France, au
moyen d'un subside de la part des deux Empires,
de vingt millions de francs chaque année, à dater
de la signature de ce traité jusqu'à la fin de la
guerre.

ART. 5. Dans le but d'établir, dans la Péninsule,
l'ordre de choses qui existait avant la révolution de
Cadix, et afin d'assurer l'entière exécution des articles du présent traité, les hautes parties contractantes se donnent mutuellement l'assurance réci-
proque qu'aussi longtemps que leurs vues ne seront
pas accomplies, négligeant toute autre idée d'uti-
lité ou autres mesures à prendre, elles s'adresse-
ront, dans le plus bref délai possible, à toutes les
autorités existant dans leurs États, et à tous leurs
agents dans les pays étrangers, dans le but d'établir une connexité tendant vers l'accomplissement
des vues proposées par ce traité. —

Et comme je m'arrêtais sur ces vingt millions de
subsides promis à la France par chacun des Empires, le troisième plénipotentiaire signant *gratis* pour
le roi de Prusse : « Passons, » me dit M. de Chateaubriand, « passons, c'est assommant et illisible. »

—ART. 6. Ce traité sera renouvelé avec tels chan-

gements que peuvent occasionner de nouvelles circonstances, soit dans un nouveau congrès , soit à la
cour de l'une des parties contractantes, aussitôt que
la guerre d'Espagne sera terminée. —

M. DE CHATEAUBRIAND.

« Ah ! mais il me semble qu'ici le bout de l'o-
« reille passe. Quoi ! *aussitôt que la guerre d'Espagne*
« *sera terminée ?* Nous aurions écrit et signé cela
« à Vérone ? Mais alors la guerre d'Espagne n'était
« ni commencée, ni déclarée, ni même résolue. Il
« est évident, d'après ceci, que le traité a été fabri-
« qué à Londres postérieurement à notre entrée en
« Espagne. »

—Art. 7. Le présent traité sera ratifié, et les rati-
fications échangées à Paris dans le délai de six mois.
Fait à Vérone, le 22 novembre 1822. —

M. DE CHATEAUBRIAND.

« Le 22 novembre ? Attendez ; voyons mon
« histoire du congrès de Vérone. » Et, après avoir
un moment feuilleté le livre qui était sur la cheminée : « Mais ce 22 novembre était le jour du départ
« de M. de Montmorency; rien d'officiel ni de secret
« n'a pu être signé par moi sous cette date à Vé-
« rone. Jusque-là, c'était M. de Montmorency qui

« avait seul la signature ; et, après son départ, mes
« collègues et moi tous ensemble. En aucun cas,
« ma signature n'a pu être isolée de la leur. »

— *Signé* : Metternich, Chateaubriand, Bernstet,
Nesselrode. —

M. DE CHATEAUBRIAND.

« C'est sans doute *Bernstorf* que le *National* a
« voulu dire. Quand on ment, il faut bien mentir,
« et la politesse française exige que l'on respecte
« les noms propres, même quand on ne respecte
« pas la vérité !...

« Tenez, cette pauvre composition, parodie mala-
« droite, ne méritait pas l'honneur que nous lui
« avons fait, vous, de la lire, et moi, de l'écouter. »
Puis, revenant à moi avec un sourire d'envie et
de regret : « Vous êtes donc bien jeune encore, puis-
« que toutes ces accusations mensongères ou hai-
« neuses vous étonnent et vous touchent. Oh ! moi,
« je suis trop vieux et trop insensible !... Encore
« un coup, j'opine pour le silence ; je le préfère
« même à un *non* tout sec. » — Mais, interrompis-
je, ce n'est pas seulement votre autorité diplomatique et votre nom, répétés ou attaqués dans la presse
périodique, qui éveillent en ce moment ma sollici-
tude ; c'est l'honneur d'une époque tout entière, et,

je voudrais le dire une fois de plus à tous ces hommes sortis de nos rangs pour nous remplacer, qui,
depuis 1830, nous signalent à la malveillance du
peuple, parce que nous nous tenons à l'écart et
sommes légitimistes. Oui, nous avons foi en un
principe, loi fondamentale de notre patrie, loi qui
n'existe plus si elle fléchit, et qui disparaît si un
seul anneau de sa chaîne se rompt. Le fait d'une
usurpation victorieuse et couronnée ne peut ni la
modifier ni l'anéantir. Ce principe d'hérédité légitime,
garantie de l'héritage, est la seule sauvegarde de la
propriété ; et, qu'on le sache bien, il a aussi inspiré de
nobles actes à cette Restauration que je servais sous
vos ordres à Londres, avec un zèle ardent, dont le
souvenir me fait encore battre le cœur, en dépit des
calomnies... « Ah ! oui, » reprit M. de Chateaubriand,
« Londres, Canning ; échos lointains !... Que vou-
« lez-vous ? La Restauration alla des Pyrénées à Ca-
« dix, malgré l'Angleterre ; elle se créa une armée
« et reprit son rang en Europe. Eh bien ! tous ces
« gens, qui l'ont servie aussi, ne lui pardonneront ja-
« mais de l'avoir fait, et à moi de l'avoir raconté. »
« Vraiment, » ajouta-t-il avec quelque ironie et comme
contrarié de mon insistance, « les hommes qui vous
« ont eu pour collaborateur doivent s'estimer heu-
« reux de vous trouver encore cette verdeur de séve
« royaliste, cette chaleur d'âme politique : c'est une

« vertu qui se meurt partout. Conservez-la, si
« vous pouvez, quand elle les abandonne. » Puis,
avec plus de gravité : « Mais pour cela, croyez-moi,
« fuyez le pouvoir, les chambres, les charges, les
« soi-disant honneurs, comme vous l'avez fait si à
« propos en 1829, et depuis seize ans. Restez loin
« de ces parades où le principal acteur ne peut s'a-
« buser lui-même sur le succès final du rôle qu'il
« joue, et perd le repos dans l'attente du sévère ju-
« gement de sa conscience comme de l'histoire.
« Restez à jamais légitimiste » — (et il s'animait),

« Pour conserver encor quelque chose d'humain,

« et pour vous préserver de cette immoralité po-
« litique dont l'exemple contagieux est tombé de
« haut, de ce torrent de corruption et de boue qui
« nous inonde et nous inondera longtemps encore.
« Il n'y a en ce moment, pour la société, aucune
« chance de régénération. Cela me dégoûte. Parlons
« d'autre chose. »

En achevant ces mots, M. de Chateaubriand se
leva péniblement, s'avança à petits pas traînés jusqu'aux *in-quarto* verts qui étaient sur la table; il
déficela le dernier volume, et après avoir remué
longtemps les feuillets, il me lut quelques phrases
détachées, entre autres, ces lignes qui me frappèrent

moins en 1846, mais que j'ai reconnues avec stupeur en 1850, quand les *Mémoires d'outre-tombe*
parurent :

« Les principes les plus hardis sont proclamés à
« la face des monarques, qui se prétendent rassurés
« derrière la triple haie d'une garde suspecte. La
« démocratie les gagne. Ils montent d'étage en étage,
« du rez-de-chaussée au comble de leurs palais, d'où
« ils se jetteront à la nage par les lucarnes. »

Les lucarnes entrevues par le prophète, ce sont
la petite porte au bout de la galerie semi-souterraine
du jardin des Tuileries, et la grille du Pont-Tour-
nant qui s'ouvrit le 24 février 1848, sur la place où
a péri Louis XVI.

Après quoi, me disant : « Voici les derniers traits
« de ma plume, » M. de Chateaubriand lut encore
ceci :

« Comme je trace ces derniers mots, ma fenêtre,
« qui donne à l'ouest sur les jardins des Missions-
« Étrangères, est ouverte. Il est six heures du ma-
« tin. J'aperçois la lune pâle et élargie ; elle s'abaisse
« sur la flèche des Invalides, à peine révélée par le
« premier rayon doré de l'orient. On dirait que
« l'ancien monde finit, et que le nouveau commence.
« Je vois les reflets d'une aurore dont je ne verrai
« pas se lever le soleil. Il ne me reste qu'à m'asseoir
« au bord de ma fosse ; après quoi, je descendrai

« hardiment, le crucifix à la main, dans l'éter-
« nité. »

Dernière vibration de la lyre!....

Enfin, comme je le quittais : « Ainsi donc, »
me dit M. de Chateaubriand, « voilà qui reste con-
« venu. Taisons-nous; c'est, en ce moment, mon
« désir; c'est ma règle. Mais si, après moi (et vous
« n'aurez pas longtemps à attendre), la même in-
« quiétude vous agite, ou si la même maladie vous
« reprend, alors que le souvenir de ce que nous
« venons de dire ne vous retienne plus, ou plutôt
« qu'il vous encourage! Je vous laisse parfaitement
« libre de tout rectifier plus tard. Je ne puis choisir
« un plus fidèle intermédiaire entre mes calomnia-
« teurs et moi. Vous serez un *témoin*, un *tiers ar-*
« *bitre* assistant au procès, tout naturellement dé-
« signé par nos anciens rapports, dont je n'ai rien
« oublié, je vous assure. Et puisque, par le passé, je
« vous confiais tous mes intérêts à Londres, où vous
« avez été d'abord mon secrétaire politique, et le di-
« recteur de mon ménage, vous en souvenez-vous?
« ensuite, l'intendant de ma fortune qui dura si peu,
« et mon interprète diplomatique dans la plus grosse
« affaire de ma vie, vous serez aussi chargé d'en
« démêler la queue, et de liquider mon compte en-
« vers la postérité... Mon ombre, » ajouta-t-il en
souriant, « vous en saura gré...—Adieu donc, puis-

« que vous partez pour la campagne. » Et il se soulevait sur son fauteuil comme s'il avait voulu essayer
de m'y suivre : « Les chênes de nos bois et les bre-
« bis de nos prairies valent mieux que les hommes
« de nos jours. Adieu encore. Dieu sait si nous nous
« reverrons!..... »

III.

Je n'aurais pas tout dit en cette question, si je
n'ajoutais que, un mois après mon entretien avec
M. de Chateaubriand, je dus comprendre qu'il avait
changé d'avis sur l'opportunité d'une dénégation,
car je lus, dans une gazette du Midi, ce qui suit :

— La *Revue de Genève* ayant publié dans son
numéro du 11 avril un long article de blâme sur le
congrès de Vérone, et un prétendu *traité secret*
attentatoire aux droits constitutionnels des peuples,
dont elle faisait M. de Chateaubriand signataire,
l'illustre écrivain, après en avoir eu connaissance,
s'est empressé d'adresser la lettre suivante à M. An-
tony Luirard, du département de l'Ain, savant et
modeste jeune homme, aujourd'hui professeur de
belles-lettres au pensionnat d'Onex, près Genève.

Cette lettre est presque une page historique; la voici : —

« Vous le savez, Monsieur, je suis bien vieux, et « n'ai plus guère le temps de fouiller dans ma vie. Tout « ce que je puis dire, c'est que je n'ai jamais rien si- « gné contre la liberté, et que les choses qu'on m'attri- « bue sont une insigne calomnie. Il suffit, pour s'en « convaincre, de remarquer que je n'étais rien à Vé- « rone, et que M. le duc de Montmorency (1), sous « lequel j'étais, avait seul le droit de signer les actes « du congrès. J'étais là comme une simple décoration « de l'ambassade, dont je n'étais nullement chargé. « Ainsi se trouvaient avec moi MM. de Serre, de « la Ferronnays, et plusieurs autres.

« Agréez, Monsieur, etc.

« *Signé :* CHATEAUBRIAND. »

Cette lettre, arrachée à M. de Chateaubriand par les instances de quelques personnes attachées plus ou moins directement aux presses françaises et suis- ses, eut lieu de me surprendre. Elle n'était exacte qu'à moitié. M. de Chateaubriand passait alors tout son temps à fouiller dans sa vie, et à y remonter plus haut que le congrès de Vérone; car il raturait

---

(1) M. le duc de Montmorency était encore, à Vérone, le vicomte Matthieu de Montmorency.

et amplifiait surtout, au grand regret de ses amis, les premiers volumes de ses *Mémoires d'outre-tombe*. Il avait à Vérone, après le départ de M. de Montmorency, partagé l'honneur de la signature avec MM. de Caraman et de la Ferronnays; mais non avec M. de Serre, lequel, dit-il (*Congrès de Vérone*, t. I, p. 67), *assista au spectacle en simple curieux*.

Ainsi donc, jusques et compris le 22 novembre, M. de Chateaubriand n'eut rien ou presque rien à faire au congrès, comme il le raconte lui-même; et c'est alors que le congrès n'avançant pas, impatienté de cette inaction du début, il laissa échapper ce mot : « Si nous continuons ainsi, nous forcerons « les peuples qui nous regardent à déraciner les « bois pour en fabriquer des sifflets. » Mais après le 22 novembre, il signa toutes les transactions politiques, et parmi elles la belle note sur la traite des Noirs, qu'il rédigea en une soirée, et dont il était si justement fier.

IV.

Je termine, et je vais au-devant d'une objection. Il est très-vrai, va-t-on me dire, que ces longues conversations, mises dans la bouche d'hommes qui

ne peuvent plus ni les désavouer ni les reconnaître,
sont fort à la mode aujourd'hui. Les causeries politiques succèdent, sous les yeux du public, aux
causeries littéraires; et le style négligé du dialogue,
qui a passé des unes aux autres, s'arrange merveilleusement du goût du jour, puisque, s'il allonge
les narrations diplomatiques, il les dégage au moins
d'une partie de leur pompe et de leur ennui. Mais,
de bonne foi, à qui voulez-vous faire accroire tous
ces menus détails et ces prodiges d'une mémoire qui
sténographie les paroles des interlocuteurs, comme
au temps du *représentatif* on sténographiait pour
le *Moniteur* les interruptions et les rires? — Voici
ma réponse :

Je ne sais ce qu'il en est des autres partisans de
la double virgule, que ses ennemis appellent vul-
gairement guillemet, et dont l'usage est si commode
pour les narrateurs embarrassés et pour les lecteurs
que ces récits plus vifs attirent; mais nos historiens ont pour eux l'exemple et l'excuse de ces im-
mortels entretiens de Socrate, où les parenthèses et
les points d'interrogation du dialogue ont été si
scrupuleusement observés et reproduits par Platon,
le plus éloquent de ses disciples. D'un autre côté,
je maintiens qu'en politique « les moindres circons-
« tances donnent grand poids aux affaires, y don-
« nent quelquefois la forme, et ouvrent d'ordinaire

6

« le chemin aux résolutions (1); » qu'il faut donc les retracer partout quand on le peut, pour la clarté et l'enseignement de l'histoire. En ce qui me touche, j'affirme que, par une habitude contractée dès les débuts de ma carrière publique, j'ai tenu, toute ma vie, note exacte des entretiens politiques ou littéraires qui m'ont paru avoir une certaine importance; et que je ne me suis jamais livré au sommeil avant d'en avoir retracé, le jour même et de mon mieux, les mots propres, les expressions piquantes ou pittoresques, les points d'arrêt, les répliques, et même, autant que je l'ai pu, le ton et les gestes.

Seconde objection faisant suite à la première :

« Qu'est-ce que tout cela prouve? » me dira quelque échappé du *National*, « que vous avez autant « de facilité d'invention que de souplesse de mé- « moire; que vous avez vu plusieurs grands hommes « dans leur déshabillé, et surpris certains secrets de « leur vie intime; que vous avez enjolivé les faits « et adouci les aspérités des phrases. Mais toutes « ces bagatelles ne sont de rien aux grandes af- « faires; toujours est-il que le traité secret de Vérone, « cité par *Elliot* et par *Nile*, *subsiste*. »

A cela, je ne saurais que répondre, si je n'avais,

---

(1) *Lettres du cardinal d'Ossat*, p. 6.

comme le veut Cicéron, et à son exemple, réservé
pour la fin mon meilleur argument.

Lisez donc cette correspondance, complément de
l'Histoire du congrès de Vérone, que j'expose sans
voile à vos regards, comme si la charge m'en avait
été léguée par une volonté suprême; puis, dites si
M. de Chateaubriand aimait sincèrement la liberté,
et s'il a su ménager l'indépendance et la gloire d'un
pays qu'il a tant honoré par ses écrits et par son
génie.

NOTA.

La grande, la principale, et presque la seule affaire de la France, en 1822 et en 1823, fut, tant au
dehors qu'au dedans, la guerre d'Espagne. C'est ce
que démontre chaque ligne des lettres de M. de Chateaubriand qu'on va lire. C'en est-il assez pour justifier l'intitulé, un peu ambitieux peut-être, de *Politique de la Restauration*, que j'ai laissé à cet écrit,
ne sachant comment lui en donner un autre?

CORRESPONDANCE

ENTRE

M. LE VICOMTE DE CHATEAUBRIAND,

D'ABORD AMBASSADEUR DE FRANCE AU CONGRÈS DE
VÉRONE, PUIS MINISTRE DES AFFAIRES
ÉTRANGÈRES A PARIS,

ET

M. LE VICOMTE DE MARCELLUS,

CHARGÉ D'AFFAIRES DE FRANCE A LONDRES.

« J'avais conçu la diplomatie sur un nouveau plan.
« N'ayant rien à cacher, je parlais tout haut. J'aurais
« montré mes dépêches au premier venu, parce que
« je n'avais aucun projet pour la gloire de la France
« que je ne fusse déterminé à accomplir en dépit de
« tout opposant. »

CHATEAUBRIAND.

(<i>Mémoires d'outre-tombe</i>, IXe vol.)</div>

AVANT-PROPOS.

M. le vicomte de Chateaubriand fut d'abord peu écouté à Paris, quand il annonça *très-franchement*, dans ses lettres de Londres, son désir d'aller au congrès de Vérone. M. le vicomte de Montmorency, qui avait déjà reçu cette haute mission, redoutait, par une sorte de pressentiment, un tel collègue. Jusqu'à la fin du mois d'août, toutes les dépêches officielles et les démarches privées avaient échoué sans amener même l'espoir de cette nomination. Le secrétaire particulier de M. de Chateaubriand, expédié *ad hoc*, revint le 21 août, ne rapportant que des refus déguisés sous des termes obscurs. L'ambassadeur, piqué au vif, me demanda d'aller plaider moi-même sa cause. Douze heures après, je débarquais à Calais; et le 24, j'entrais dans le cabinet de M. de Villèle.

J'avais compris que, pour réussir, il me fallait parler clair et frapper fort. Je déduisis sans réserve à ce ministre, et surtout à M. de Montmorency, mon chef direct, les motifs généraux, puis les raisons intimes, personnelles et pressantes qui devaient les déterminer, l'un et l'autre, à céder au désir de M. de Chateaubriand. Et, après trois jours de débats, j'emportai enfin les deux lettres confidentielles annonçant sa mission à Vérone. Les deux ministres avaient eu la bonté de me les lire et d'en commenter les termes avant de les cacheter.

Le 29 août, j'étais de retour à Londres, et je réveillais dans la nuit M. de Chateaubriand, qui ne dormait guère. — « Eh bien, » me dit-il, « ils s'obstinent à « me refuser ? » — Préparez-vous à partir sous huit jours, repris-je, vous êtes nommé plénipotentiaire à Vérone. — Dans sa joie, M. de Chateaubriand m'embrassa ; mais, le lendemain, il entra brusquement dans ma chambre, tout agité, furieux presque, pour m'expliquer qu'il n'entendait plus partir. Puis, vinrent les agitations d'esprit et les incertitudes qu'il a retracées si vivement dans ses *Mémoires d'outre-tombe;* enfin, il s'embarqua à Douvres le 8 septembre 1822.

CORRESPONDANCE.

I.

M. DE CHATEAUBRIAND A M. DE MARCELLUS.

Paris, 12 septembre 1822.

J'arrive. Vous savez mieux que personne combien j'ai désiré aller à Vérone, et pour quels motifs. Eh bien! maintenant j'hésite; et je regrette Londres, où j'aurais peut-être mieux fait de rester.

Il y a dans le cœur ou dans l'esprit humain bien des retours inexplicables, ou des pressentiments. Puis, la vie va vite!

Faites-moi savoir, de grâce, ce qui va se passer pour la nomination de M. Canning.

Quant à moi, rien n'est encore décidé pour mon départ. Je ne me soucie pas d'aller à Vienne, ce qui me donne le temps de m'arranger pour Vérone.

CHATEAUBRIAND.

II.

M. DE MARCELLUS A M. DE CHATEAUBRIAND.

Londres, 15 septembre 1822.

Voici où en est la nomination de M. Canning. Vous avez remarqué sa conduite singulièrement adroite : ses adieux à ses mandataires de Liverpool, comme s'il allait partir pour les Grandes-Indes ; son apparente sincérité, quand il déclare qu'il ne sait rien des projets du ministère ; l'aveu naïf de la disposition où il est de tout accepter dans l'intérêt du pays ; enfin, son absence de Londres prolongée.

On lui a proposé le titre de premier lord de l'amirauté, à quoi il a répondu que ces fonctions ne s'accordaient pas avec celles de chef (*leader*) de la chambre des communes ; que, absorbé par les détails de l'administration maritime, il manquerait de notions pour répondre aux attaques dirigées contre les autres branches du gouvernement ; que ces notions, au contraire, lui étaient toutes données par le portefeuille des affaires étrangères, et que, si on espérait quelque chose de son influence, il fallait, au lieu de la paralyser, chercher à l'étendre.

M. Canning veut amener avec lui les hommes dont le crédit sur le public corrobore le sien. D'un autre côté, le chancelier, lord Eldon, en sacrifiant son opposition directe et constante à l'entrée de M. Canning dans le cabinet, demande en retour à celui-ci le sacrifice de son opinion sur la question des pairs catholiques. On discute, on transige sur les personnes, sur les principes ; et la publicité de la nomination ne tient plus qu'à ces dernières clauses.

Dans le chaos de ces négociations compliquées entre les ministres actuels et le ministre futur, le roi disparaît. On ne tient plus aucun compte de ses répugnances ; retiré dans le fond de son palais, il attend patiemment qu'on lui révèle les articles secrets du traité, et qu'on lui nomme enfin son ministre. MARCELLUS.

III.

M. DE CHATEAUBRIAND A M. DE MARCELLUS.

Paris, 16 septembre 1822.

Écrivez-moi souvent, je vous prie. Tenez-moi au courant de tout. Envoyez-moi, si vous en avez le temps, un résumé, ou même des extraits de vos dépêches. Il n'y a nul inconvénient, puisque l'ambassade de Londres n'a cessé ni de m'appartenir, ni surtout de m'intéresser.

On s'occupe de mes instructions, qui seront les instructions générales pour le congrès; car M. de Montmorency n'a rien arrêté ni rien emporté avec lui.

J'ai refusé d'aller à Vienne, où on ne fera rien, et où je n'aurais point de mission; aimant mieux être à peu près chargé de tout au véritable congrès.

C.

IV.

M. DE MARCELLUS A M. DE CHATEAUBRIAND.

Londres, 24 septembre 1822.

Vous avez su que, dans un conseil privé tenu le 16, le roi a remis aux mains de M. Canning le portefeuille des affaires étrangères. A cette nomination, les journaux de l'Opposition ont manifesté contre M. Canning une maladroite violence. Le *Times* lui-même s'est abandonné à ses anciennes jalousies d'écrivain, en traitant le ministre comme s'il était encore un rédacteur rival.

J'ai quelques raisons de croire que le plénipotentiaire anglais remettra sur le tapis, à Vérone, la question de la traite des Noirs, et que dans son exposé il ne nous sera pas favorable. Il dira que nous avons sans doute promulgué des lois et mis en mer des bâtiments de guerre pour réprimer ce commerce odieux; mais il se plaindra de ce que les ordres donnés aux commandants de ces bâtiments n'ont été ni assez précis ni assez sévères. Enfin, il demandera que, par une décision des puissances réunies, la traite des Noirs soit considérée comme *piraterie*. Je soupçonne que ce point ne se trouvait pas traité dans les instructions primitives préparées pour le marquis de Londonderry, ni même dans celles du duc de Wellington; mais je puis conjecturer, à la suite des fréquentes conférences de M. Canning avec les antagonistes de la *traite,* qu'il en a fait l'objet d'instructions supplémentaires. Peut-être même, en prêtant à cette question tout l'appui que lui refusait l'insouciance de son prédécesseur, M. Canning espère-t-il gagner dans le parlement les plus zélés protecteurs des Noirs.

J'ai cru important de vous faire passer cet avis avant même votre départ pour Vérone, afin que, prévenu du trait, vous puissiez y opposer votre bouclier.   M.

P. S. J'ai expédié successivement à Paris M. Delalot et M. le comte O. de Boissy, attachés à l'ambassade.

V.

M. DE CHATEAUBRIAND A M. DE MARCELLUS.

Paris, 28 septembre 1822.

Voici ma lettre de compliment à M. Canning sur sa nomination :

Dans quinze jours je serai à Vérone; j'aurai, de là-bas, un œil dirigé sur le congrès, et un autre sur Londres, où j'espère vous embrasser avant le 1er janvier.

Merci de votre avis pour la traite des Noirs. Je me tiendrai sur mes gardes, et ne serai pas dupe de la philanthropie britannique. Je la connais : c'est peut-être charité chrétienne chez quelques membres du parlement hors du pouvoir; mais, chez les dirigeants, c'est pur égoïsme politique.

Que font-ils donc dans les Grandes-Indes, pour la liberté de cent millions de blancs ou de jaunes, ces hommes d'État devenus tout d'un coup si scrupuleux et passionnés de si fraîche date pour la liberté des nègres?

C.

VI.

M. DE MARCELLUS A M. DE CHATEAUBRIAND.

Londres, 3 octobre 1822.

Cette lettre vous atteindra à Vérone à votre *débotté*, si elle ne vous y précède.

Soit que vous y décidiez une puissante intervention diplomatique ou une campagne, ne comptez pas

sur l'Angleterre. Elle se refusera à toute mesure,
même pacifique, et cachera sous l'apparence de
quelques démarches sans force réelle son indifférence profonde des intérêts purement continentaux.
Ce système de séparation ou d'égoïsme est imposé à
M. Canning par ses amis, et surtout par son intérêt.
Cet intérêt même peut le pousser à des concessions
d'opinions personnelles qu'on n'eût jamais obte-
nues du marquis de Londonderry. Ainsi, on le
verra reconnaître Columbia pour gagner le commerce,
épouser la cause des Noirs pour plaire au parlement,
puis suspendre son action jusqu'ici favorable à la
réforme catholique. Enfin il fera tout pour accroître
cette popularité à laquelle il devra son maintien,
comme il lui doit son élévation.

Encore un mot de Columbia. Notre commerce,
dans les ports de cette nouvelle république, ne peut-
il donc lutter contre celui de l'Angleterre? Ces cli-
mats de l'Amérique n'accueilleraient-ils pas de préférence nos soieries, nos draps légers et nos vins?
Les productions de nos colonies n'y trouveraient-
elles pas un utile débouché, et ces colonies ne de-
viendraient-elles pas alors pour nous de précieux
entrepôts? Pourquoi donc, par une initiative de
reconnaissance, ne pas nous assurer de tels avantages?....   M.

VII.

M. DE CHATEAUBRIAND A M. DE MARCELLUS.

Paris, 4 octobre 1822.

Je pars demain pour Vérone; les nouvelles destinations du duc de Wellington et de M. de Montmorency, qui se sont dirigés sur Vienne, ne me préoccupent ni ne m'arrêtent. On ne peut rien faire sans moi, car je suis porteur des instructions et des pleins pouvoirs.

Continuez à m'écrire à Vérone, comme vous venez de le faire à Paris, toute la marche des affaires britanniques. Quant à moi, je vous tiendrai au courant de tout ce *que je pourrai vous dire.*

C.

VIII.

M. DE MARCELLUS A M. DE CHATEAUBRIAND.

Londres, 24 octobre 1822.

Je continuerai à vous obéir, et à extraire en gros des événements ou de mes dépêches à M. de Villèle ce que je croirai de nature à vous intéresser.

7

Le roi est à Windsor bien portant, quoiqu'on ait dit et imprimé qu'il y était malade de la contrariété d'avoir M. Canning pour ministre. Georges IV a trop d'esprit, et il est trop robuste pour laisser craindre rien de pareil. D'un moment d'humeur, on a fait dépit concentré, fièvre, douleurs nerveuses, délire, etc., etc. Ainsi procèdent les dirés et les menus propos. — Vous le voyez, en attendant les nouvelles politiques que vous confectionnez assez lentement là-bas, nous fabriquons rapidement ici des bruits de bourse. En voici d'autres :

Notre déclaration de guerre à l'Espagne ; le retour subit du duc de Wellington ; le congrès de Vérone dissous ; l'abdication du roi de Naples en faveur d'un prince de la maison d'Autriche ; la mort du pape ; Rome gouvernée par un archiduc ; soixante mille hommes envoyés par le Portugal sur les Pyrénées pour faire face à nos armes, etc., etc.

Tout cela ne veut dire autre chose, sinon que les capitaux surabondent et que l'agiotage est le Dieu du jour. On ne vit jamais une telle fureur de spéculation. Chili, Pérou, Naples, Espagne, tout emprunte et prospère. Un *Mac-Gregor*, à la tête d'une petite île indépendante, ouvre un emprunt de cinq millions ; en dix jours il est rempli, et les fonds sont à 85. Columbia a atteint presque à sa naissance le taux des fonds français, aux conditions de six pour cent il est vrai.

Pendant cette fièvre, des courriers partis d'heure en d'heure portaient à Paris les agitations de la Cité ; et ces secousses financières se communiquent à toutes les capitales, qui sont devenues de grandes maisons de banque solidaires entre elles.

Je m'arrête, car M. de Villèle n'aura pas manqué de vous donner avis direct de toutes ces étincelles électriques qui se dégagent des nuages de Vérone, et communiquent leurs commotions à toutes les bourses.   M.

IX.

M. DE CHATEAUBRIAND A M. DE MARCELLUS.

Vérone, 25 octobre 1822.

Il y a bien longtemps que je n'ai entendu parler de vous, et je m'en plains. Ici nous ne faisons pas grand' chose ; je me promène souvent, et parfois je me figure que je suis accrédité auprès de la tombe de Juliette bien plutôt qu'à un congrès européen (1).

_____

(1) « Ce congrès de Vérone, avec ses fêtes et ses opéras, me

Cependant la France jouit d'une grande considération. L'union entre les souverains est intime, et la
révolution a pour jamais perdu son procès au tri-
bunal de la Sainte-Alliance.

Je reste toujours sauvage et un peu à l'écart;

« représente un peu les festins de Babylone. Ce contraste de
« plaisirs et de malheurs, cet enfantillage jeté à travers les
« convulsions sanglantes des peuples, au milieu de si grands
« intérêts et de si déplorables calamités, est lui-même une
« calamité, car il est à mes yeux un grand scandale. Deux
« politiques vont partager les souverains, leurs ambassadeurs
« et leurs ministres : celle des monarchies et celle de la révo-
« lution; la politique anglaise et la politique russe. On va
« prendre, tel est l'esprit du siècle, un milieu entre les deux.
« Je ne vois là que des vanités diplomatiques, et pas une con-
« ception forte, et je persiste à dire, même après le congrès
« de Vérone, que l'Europe attend *quelque chose* ou *quelqu'un*;
« que l'Angleterre perd le monde, et que toutes les illusions
« ou les perfidies politiques nous viennent du pays où règnent
« toutes les erreurs religieuses...

« Hélas ! mon cher ami, y aura-t-il des miracles pour guérir
« toutes ces maladies des nations? Les années s'écoulent; les
« sessions se succèdent, et le crêpe funèbre qui s'étend sur
« l'Europe s'épaissit de plus en plus. Les individus n'ont que
« des médecins pour leurs malaises, et ces médecins n'ont
« reçu mission que de leurs talents toujours bornés, et de leur
« expérience si souvent fautive ; tandis que les nations chré-
« tiennes ont des rois pour les préserver des maladies, des rois

peut-être cela tient-il à mon horreur pour le congrès de Vienne, aïeul du congrès de Vérone. Vous la connaissez, et je ne l'ai jamais déguisée.   C.

« qui sont l'image de Dieu, et qui doivent être ses premiers « ministres. Lorsqu'ils oublient par qui et pourquoi ils sont « envoyés, la société ne peut attendre que des événements « terribles qui les remettent dans la bonne voie, si même il « leur est possible de la retrouver... Pour moi, je commence « à croire que les rois sont tout à fait exclus de l'œuvre de la « restauration sociale, s'il doit y avoir restauration; qu'ils ont « tous été pesés dans la balance et trouvés *trop légers.* »

(*Extrait d'une lettre inédite de M. le vicomte de Bonald à M. le comte de Marcellus,* 13 *décembre* 1822.)

Ce découragement momentané que M. de Bonald puisait dans l'ardeur de sa foi religieuse n'altérait en rien sa foi monarchique. Il savait que la légitimité, patiente parce qu'elle a l'avenir, doit triompher tôt ou tard des obstacles passagers élevés contre elle par les fureurs de ses adversaires, ou même par les faiblesses de ses aveugles amis; car elle seule, par sa durée et sa force, a la vertu de donner aux peuples leurs vraies libertés, et d'amener, par un progrès continu, le triomphe de l'Église universelle, c'est-à-dire catholique.

X.

M. DE MARCELLUS A M. DE CHATEAUBRIAND.

Londres, 10 novembre 1822.

Vous auriez peine à reconnaître Londres sous les brouillards jaunes et épais qui en font presque une demeure souterraine. Il n'y a plus, en ce moment, que le mouvement de l'industrie et de la bourse. Le gouvernement semble en avoir disparu. On n'y compte pas un seul ministre actif, pas un membre du cabinet; nul prince n'y habite. Les palais sont fermés et les *offices* déserts. Deux ou trois secrétaires généraux suffisent au courant de toutes les affaires. Je n'ai donc aujourd'hui rien à vous dire d'Albion. Tous les yeux se tournent du côté de Vérone; et, pour charmer l'ennui de Londres désert, je viens d'étudier un point de représentation parlementaire que je trouve piquant de vous soumettre, pendant que vous êtes attablé au grand banquet des empereurs et des despotes. Ma voix sera sans doute la seule qui parle à l'écho de Vérone de prérogatives populaires.

La question est neuve et sans précédents; je la prends de loin.

Quand un membre de la chambre des communes

refuse son mandat, ou s'en démet dans l'intervalle des sessions, le décret qui ordonne de procéder à une élection nouvelle ne peut être promulgué que par la chambre à sa réunion prochaine ; dans le cas de mort, l'Orateur (*speaker*) doit, en l'absence de la chambre, publier le décret électoral : tels sont les règlements. M. Smith, député pour l'université de Cambridge, vient de mourir. L'Orateur, M. Manners Sutton, a en conséquence produit le décret d'une nouvelle élection; puis, chose inouïe, il s'est présenté lui-même pour candidat. Ici s'offre une difficulté : nul député ne peut être candidat, s'il n'a cessé d'être député; mais un article des mêmes règlements dit que tout membre de la chambre des communes, acceptant une place du gouvernement, perd son caractère, et par là redevient éligible. Dans le cas présent, l'Orateur, pour satisfaire à la loi, va donc solliciter et obtenir une des sinécures conservées *ad hoc* sous un nom saxon (*chiltern-hundreds*) : cette place, d'un revenu de 20 ou 25 livres sterling (500ᵗ), suffit pour lui faire perdre la qualité de député des communes (*commoner*), d'Orateur par conséquent, et pour le rendre candidat légal. Ainsi M. Ch. Manners Sutton redevenu simple particulier, et employé postiche du gouvernement, se trouve éligible à Cambridge. Or, s'il souhaite ardemment ce poste représentatif, c'est que les députés des universités jouissent à la fois d'une bien plus grande considération, et d'élections ou réélections plus faciles et moins coûteuses. Ceci explique l'intérêt que M. Sutton met à échanger son mandat actuel de Scarborough (*bourg-pourri*) contre celui de l'université de Cambridge.

Mais, en cessant d'être député, M. Sutton cesse aussi d'être *speaker*, et la chambre se trouverait jusqu'à sa prochaine réunion sans président; alors si dans cet intervalle un député meurt, il n'y a plus là d'Orateur pour décréter une élection nouvelle; et il n'y a point de vice-président en Angleterre. Le règlement a prévu ce cas : l'Orateur, avant de se démettre de ses fonctions, a dû nommer une commission de membres de la chambre qui le suppléent dans cette partie peu importante de ses attributions.

Dans tout ce détail, qui me paraît à moi-même assez embrouillé et que j'aurais voulu vous expliquer plus clairement, vous remarquerez néanmoins un singulier effet de cette confiance en une majorité compacte et pour ainsi dire disciplinée que le gouvernement crée ici pour lui : un membre de cette majorité ne craint pas, pour un faible avantage, de se dépouiller du caractère de député et des fonctions de président, sûr que des électeurs nouveaux vont lui rendre ce caractère, également sûr que la chambre des communes lui rendra ces fonctions.

Cependant, malgré ses espérances d'élection à l'Université de Cambridge, l'Orateur a abandonné hier ses prétentions à cette candidature. M. Canning a fait observer à M. Manners Sutton que c'était montrer pour le choix de la chambre des communes une sorte de dédain, et risquer de la blesser, que de se dépouiller volontairement du titre de son chef pour un avantage léger et incertain.   M.

XI.

M. DE CHATEAUBRIAND A M. DE MARCELLUS.

Vérone, 22 novembre 1822.

M. de Montmorency, qui part aujourd'hui même, se charge de ces lignes que je trace à la hâte. J'ai gardé pour moi les curieux détails des caprices électoraux de M. Manners Sutton. Je le croyais un homme plus grave sous la lourde perruque dont je l'ai vu affublé. Nos empereurs et nos rois n'auraient rien compris à ces délicatesses représentatives, et *la Monarchie selon la charte* elle-même, qui a coûté si cher à son auteur, ne fait pas ici beaucoup de prosélytes.

Comme vous l'aviez pressenti, la question de la

traite des Noirs va être agitée. Je m'y prépare, et je
ne dirai rien, soyez-en sûr, qui ne soit conforme à
nos intérêts, comme à notre dignité.   C.

XII.

M. DE MARCELLUS A M. DE CHATEAUBRIAND.

Londres, 30 novembre 1822.

On a dû vous envoyer à Vérone la vigoureuse
note que j'ai passée ici, le 26, au cabinet britannique
sur ses négociations à Madrid. Nous y déclarons
qu'*une décision immédiate de la France* doit résulter des explications qui vont nous être données.

— « Nous avons beaucoup d'affaires arriérées
« avec l'Espagne, » m'a dit à ce sujet M. Canning,
« mais elles ne méritent pas vos soupçons. La ma-
« rine espagnole a insulté, capturé, détenu plus de
« vingt vaisseaux anglais depuis dix ans dans les
« mers occidentales, et nous sommes à Madrid en
« termes de créanciers et non d'amis. Nous avons
« prescrit à notre ministre de réunir en un seul
« corps ces réclamations, d'évaluer les pertes, et de
« demander des indemnités en un seul chiffre. Les
« cortès ont peut-être délibéré sur le mode d'acquit-

« tement de cette dette, et le gouvernement fran-
« çais aura pris un *mémoire à payer* pour un traité
« de commerce. » — Toute négociation à Madrid,
ai-je interrompu, pendant qu'on décide à Vérone le
mode de réprimer le désordre et l'anarchie dans la
Péninsule, a droit de nous surprendre, et appelle
notre attention. Les cours alliées s'en étonneraient
comme nous; et c'était dans le but de prévenir ces
complications qu'elles avaient fait une démarche
collective auprès de vous pour suspendre l'arrivée
de sir W. A'court à Madrid. —

« J'ai compris alors, et je comprends encore au-
« jourd'hui vos appréhensions et vos intérêts, » a répliqué le ministre; « les nôtres diffèrent comme no-
« tre conduite; mais ce traité de commerce qu'on
« redoute m'est tout à fait inconnu. » — J'ai insisté.
Cependant les journaux dénoncent un nouveau
tarif de douanes. — « Pas plus de taxations de doua-
« nes que de traité de commerce, » a répondu M. Canning; « toutes nos affaires avec la cour de Madrid
« sont celles que je viens de vous indiquer. »

Puis, quand il m'a remis sa note responsive,
comme je lui faisais observer que nous ne pouvions
être satisfaits de ces explications qui avaient l'air de
défaites, j'ai ajouté que, dans mon opinion personnelle, il existait ou il allait exister un nouveau traité
entre l'Angleterre et l'Espagne. Le ministre, tout en

niant encore, a fini par sourire. Puis il m'a dit :
« A vous la gloire militaire suivie de désastres et de
« ruine matérielle; à nous les transactions prosaï-
« ques de l'industrie et une prospérité croissante !
« *Trahit sua quemque voluptas.* »   M.

XIII.

M. DE CHATEAUBRIAND A M. DE MARCELLUS.

Paris, 19 décembre 1822.

J'ai repassé les Alpes et j'arrive. J'ai besoin d'oublier pour quelques jours la politique.

Savez-vous que le mobilier de notre grand salon
revient à quarante mille francs, au lieu de vingt-
quatre ? J'espère au moins qu'il nous fera honneur.
J'ai réglé avec M. Hérard. Toutes les choses restent
comme vous les avez arrangées.

Je crois bien vous revoir à Londres dans le courant de janvier, sauf le chapitre des déceptions,
toujours long dans ma destinée.   C.

XIV.

M. DE MARCELLUS A M. DE CHATEAUBRIAND.

Londres, 31 décembre 1822.

Le *Moniteur* de dimanche 29 est arrivé cette nuit.
Nous y lisons l'ordonnance royale qui place en vos
mains le portefeuille des affaires étrangères. L'ambassade de Londres est sans doute la seule où
cette nouvelle soit accueillie sans plaisir. Vous êtes
entouré de tant de félicitations, que vous voudrez
bien nous permettre de n'en point mêler à nos regrets.

« Quoi donc ! » me disait hier M. Canning,
« M. de Villèle, que le duc de Wellington a trouvé
« entièrement prononcé contre le système hostile,
« l'emporte; et M. de Montmorency, qui voulait à
« Paris comme à Vérone l'entrée en campagne,
« quitte le ministère. Au reste, sa retraite, si elle
« est un gage de paix, ne sera certes pas vue
« ici avec peine; mais je ne comprends guère en
« tout cela l'attitude que va prendre M. de Cha-
« teaubriand. » — Il vous l'expliquera lui-même,
ai-je répondu. Mais d'avance, croyez bien que la
France ne se relâchera en rien de ses mesures, et

qu'elle adoptera les dispositions les plus efficaces
pour arrêter en Espagne la révolution et l'anarchie.   **M.**

XV.

M. DE CHATEAUBRIAND A M. DE MARCELLUS.

Paris, 28 décembre 1822.

Me voilà sur un théâtre bien orageux. J'en descendrai peut-être bientôt comme tant d'autres ; mais
enfin je ferai tout ce que je pourrai pour n'en pas
tomber sans honneur.

Ci-joint une lettre particulière pour M. Canning.
Je vous envoie aussi ma première dépêche.   **C.**

XVI.

M. DE MARCELLUS A M. DE CHATEAUBRIAND.

Londres, 1er janvier 1823,

J'ai remis votre lettre à M. Canning : « M. de
« Chateaubriand aime les *crises*, » m'a-t-il dit.

— Non, mais il aime à en sortir, ai-je répondu.

P. S. M. Desmousseaux de Givré, attaché à l'ambassade, vous porte mon expédition de ce jour et ces lignes. Je le recommande à vos bontés. Je lui ai confié sans réserve mes dépêches et mes rapports avec le cabinet britannique; je ne puis trop louer son zèle assidu et son expérience des affaires, que des études administratives avaient déjà mûris. M.

XVII.

M. DE CHATEAUBRIAND A M. DE MARCELLUS.

Paris, 2 janvier 1823.

Tout le bruit qu'on fait à Londres passera. L'Angleterre peut aimer la souveraineté du peuple; mais nous, nous ne la reconnaîtrons jamais. Vous avez très-bien dit pour les *crises*. Je ne les aime ni ne les redoute. La France répondra à tout, et n'a peur de rien. C.

XVIII.

M. DE MARCELLUS A M. DE CHATEAUBRIAND.

Londres, 4 janvier 1823.

« En vérité, » me disait hier M. Canning, « la
« conduite du ministère espagnol prend, à Madrid,
« un caractère factieux. » — Que ne le lui dites-vous
à lui-même, ai-je répondu ; il se découragera, et
changera de voie. — « Je ne le puis, » a répliqué
le ministre. « L'Autriche, la Prusse et la Russie reti-
« rent leurs légations ; la France menace. Nos repré-
« sentations arriveraient là comme le sixième acte
« d'un drame, et ne feraient qu'irriter. »   M.

XIX.

M. DE CHATEAUBRIAND A M. DE MARCELLUS.

Paris, 6 janvier 1823.

Après les réponses de Madrid, nous serons sur
un nouveau terrain. Dites à M. Canning que j'ai reçu
sa lettre, que je serai charmé d'entrer en correspon-

dance intime avec lui , et qu'il peut m'écrire en anglais tant qu'il voudra.

Il faut toujours dire : La France, sans doute, veut
la paix ; mais sa sûreté et son honneur avant tout.
L'Angleterre peut tout finir en décourageant les révolutionnaires en Espagne. Ne sortez pas de là. — C.

XX.

M. DE MARCELLUS A M. DE CHATEAUBRIAND.

Londres, 7 janvier 1823.

Le premier effet de votre accession au ministère a
produit l'applaudissement ; je commence à ressentir
aujourd'hui le contre-coup des malicieux commentaires de notre capitale ; mais on ne redit qu'en plaisantant à Londres ce que l'acharnement des partis
rend à Paris presque sérieux.

Salons ! dangereux salons, que Napoléon, prié de
désigner sa plus pénible conquête, se vante peut-être
à faux d'avoir domptés ! (*Mémoires récemment publiés à Londres.*) Au milieu de ce choc des opinions,
les uns vous plaignent, d'autres regrettent que vous
n'ayez pas préféré une longue ambassade en Angleterre à un ministère passager. Je réponds que, con-

8

séquemment à toute votre vie, vous deviez accepter
des fonctions difficiles, dès que les plus précieux
intérêts de la France vous les imposaient ; enfin , je
mets à faire comprendre votre attitude tout le zèle
d'un disciple.

A ce titre, souffrez que je jette avec vous un regard rapide sur ma position particulière depuis votre
départ. Resté représentant de la France auprès du
roi et du ministre qui seuls manquaient à Vérone ;
chargé de surveiller le début de ce ministre dans
une carrière qu'il a renouvelée, rajeunie, et qu'il
va parcourir avec d'éclatants succès, je n'ai eu ni
instructions primitives ni directions régulières. A
mes nombreuses dépêches, trois lettres ont répondu
en quatre mois, approuvant mon langage quand
j'ai parlé, mon silence quand je me suis tu , mais
ne disant jamais si je devais à l'avenir parler ou me
taire. Enfin, les propositions de ma propre cour au
congrès ne m'ont été révélées que par les communications de mes collègues chargés d'affaires comme
moi. Dans ce tableau de mon délaissement, je n'exagère rien ; et comme votre dépêche et votre lettre
particulière l'ont fait cesser, je ne crains pas de
vous demander pour votre ambassade de Londres
cette confiance dont vous connaissez mieux que moi
tout le prix.   M.

XXI.

M. DE CHATEAUBRIAND A M. DE MARCELLUS,

Paris, 10 janvier 1823.

Je vous comprends, et voici ce que je vous recommande : écrivez-moi sans ménagements, sans réticence. Je vous répondrai sur le même ton ; brièvement sans doute, car ma correspondance intime et de ma main va aux quatre coins de l'Europe, et je n'en laisse le soin à personne. Nous nous parlerons à cœur ouvert. Ne craignez pas d'être trop long. Votre dépêche générale et officielle traitera du parlement, des finances, du courant des affaires des trois royaumes, des Indes et des colonies. Réservez tout le reste à vos lettres particulières, dont j'extrairai ce qu'il faudra pour le conseil et pour le roi. N'oubliez pas que le roi aime les détails, les historiettes, les noms propres, et connaît personnellement presque tous les hommes qui ont joué ou vont jouer un rôle sur le théâtre où vous êtes placé.   C.

8.

XXII.

M. DE MARCELLUS A M. DE CHATEAUBRIAND (1).

Londres, 10 janvier 1823.

Je me suis empressé de porter à M. Canning les assurances dont vous m'avez chargé dans votre dernière lettre; je lui ai annoncé que vous désiriez, comme lui, une correspondance privée dont les résultats devaient être avantageux à la cause et aux principes que vous défendez tous deux; et j'ai ajouté qu'il pouvait vous écrire en anglais. Il a saisi avec empressement ce projet de relations intimes, et il a rapproché son existence politique de la vôtre; il en a fait ressortir avec finesse l'étonnante ressemblance, et il en a conclu que tout devait vous lier étroitement. «M. de Chateaubriand, a-t-il ajouté, est-il *aussi* parvenu au ministère contre la volonté du roi?» — J'ai répondu qu'ayant longtemps vécu loin de la France, je ne pouvais connaître l'intérieur des Tuileries; mais qu'il existait entre vous et lui

---

(1) Première lettre publiée par M. de Chateaubriand, dans son *Congrès de Vérone.*

une harmonie de plus, puisque, depuis votre commune accession au pouvoir, les rois de France et d'Angleterre montraient, pour l'un comme pour l'autre, une faveur et des bontés bien plus signalées.

« Nous devons, » a dit M. Canning, « tirer un « grand parti de notre union dans la circonstance « présente. Nous pouvons agir d'accord à Madrid, « sans paraître nous entendre, et toujours chacun « dans la ligne de nos intérêts respectifs; nous par- « viendrons ainsi, j'en ai l'espoir, à maintenir la « paix; et le bonheur du monde sera notre ouvrage. « Si M. de Chateaubriand approuve ce plan, qu'il « me dise dans ses lettres particulières ce qu'il at- « tend de nous, en spécifiant aussi ce qu'il veut de « la part des Espagnols; je répondrai en lui expri- « mant franchement ma pensée. Nous réunirons nos « idées, nos projets; nous préparerons notre action à « Madrid : pour réussir, elle doit être simultanée « sans doute, mais pourtant séparée. »

J'ai exprimé d'avance tout votre empressement à commencer ces rapports d'intimité. S'il m'était permis de vous communiquer aussi ma pensée, je croirais que vous pouvez user avec fruit de ces liaisons directes, et de la haute estime que je vois à M. Canning pour votre caractère. Je suis persuadé qu'en raisonnant dans sa position, en reconnaissant ce qu'exige de lui sa situation nouvelle vis-à-vis le parlement et le commerce, en repoussant officiellement, puisqu'il le faut, le principe de la question d'Espagne *toute française*, mais en admettant confidentiellement quelque chose de ce principe qui, au fond, nous est honorable, vous obtiendrez le concours réel et efficace de M. Canning à Madrid.

Je vous parle avec un grand abandon, livrant sans réserve mes raisonnements à vôtre approbation ou à votre blâme ; je ne retranche rien de ma pensée quand je vous écris, et je n'y joins que l'assurance de mon dévouement illimité dans les nouveaux devoirs que vous venez de me prescrire, comme l'expression de mon respectueux attachement.

M.

XXIII.

M. DE CHATEAUBRIAND A M. DE MARCELLUS.

Paris, 14 janvier 1823.

Ne vous effrayez ni de la baisse des fonds publics ni de tous les bruits de gazette. Nous marchons bien, et nous marcherons mieux encore ; toujours noblement et dignement. C'est une *crise*, puisque *crise*

il y a. Il faut la laisser passer ; mais notre succès est
au bout. C.

XXIV.

M. DE MARCELLUS A M. DE CHATEAUBRIAND.

Londres, 12 janvier 1823.

Voici ce qui m'est arrivé avant-hier. Vous n'avez
pas oublié sans doute miss White. Chez elle se réunissent les hommes et les femmes de lettres honorés
ou ridiculisés du nom de *Blue-Stockings*, depuis le
temps de lady Montagu, l'amie de Pope. Elle m'a-
vait écrit pour me demander si quelqu'une de vos
plumes ne traînait pas encore à l'ambassade à côté
de votre écritoire, et si je ne pourrais pas m'en des-
saisir en sa faveur. Elle sollicitait spirituellement la
plus usée. Je lui portai avant-hier, à la grande réunion où elle m'avait convié, le souvenir qu'elle ré-
clamait avec tant de grâce, et j'espère que vous ne
désavouerez pas, en cette occasion, votre négocia-
teur.

La plume fut fort fêtée, et eut l'honneur de passer
successivement sous les yeux et dans les mains de

Thomas Moore, de Southey, de lady Morgan, du docteur Young, l'archéologue; de sir Humphrey Davy, le grand chimiste; de sir Th. Lawrence, le peintre, et de sir William Ouseley, l'ancien ministre en Perse, orientaliste et voyageur.

Dans le cours de la soirée, miss White me présenta à plusieurs autres célébrités, et à quelques *ladies*, entre autres à une assez jeune femme qui voulut m'être nommée, et qu'elle appela lady Parker. Celle-ci me pria aussitôt de m'asseoir un instant à ses côtés; et, tout de suite, elle me dit : « J'ai beaucoup désiré vous voir, Monsieur; car j'ai « appris que vous aviez approché de lady Esther « Stanhope dans le Liban. Or, comme les Anglais « sont bannis de sa présence, je souhaitais obtenir « de vous quelques détails sur cette femme si ex- « traordinaire. » J'essayai de satisfaire de mon mieux la curiosité de lady Parker ; et, après mes dires : — « Ces renseignements, » reprit-elle, « ne « sont pas en tous points conformes à ce que ra- « conte de lady Esther un voyageur qui l'a vue en « Orient quelque temps avant vous, M. Bruce. » — A ce nom, il m'échappa un malin sourire; et avec l'inconséquence de mon âge, impardonnable chez un grave diplomate, j'expliquai que M. Bruce pouvait être suspect et entaché de partialité dans ses récits, car la chronique orientale prétendait qu'il était resté longtemps attaché au char de la reine du désert. « Qu'osez-vous dire? » interrompit brusquement lady Parker, en se levant comme pour fuir mes révélations, « M. Bruce est mon mari!... » Elle se rassit pourtant, pendant que je maudissais par devers moi cette coutume que j'avais crue exclusivement continentale, par laquelle une femme prend d'un homme, en l'épousant, tout excepté son nom. Et, comme je tentais de recoudre tant bien que mal la blessure, « M. Bruce est là, » dit-elle, « et je vais « vous le présenter. »

Nouvel embarras pour moi. Ce M. Bruce est le même homme qui, avec de jeunes officiers anglais, prit part à l'évasion de M. de Lavalette, en 1815. Au reste, il me tira lui-même de peine; et après la présentation cérémonieuse de lady Parker, il me demanda en souriant si certains événements de sa vie passée ne l'avaient pas mal posé dans mon esprit. Je compris qu'il ne pensait plus à lady Stanhope, dont sa femme se souvenait trop bien, et qu'il faisait allusion seulement à M. de Lavalette. Je lui répondis alors que notre ressentiment de son heureuse entreprise n'avait pas duré bien longtemps, et que dans toute l'affaire nous avions été bien plus cléments que le gouvernement britannique, puisque M. le duc de Richelieu avait recélé le condamné sous les voûtes mêmes de l'hôtel du ministère des affaires étrangères, tandis que sir Robert Wilson avait été rayé des cadres de l'armée anglaise pour avoir favorisé sa fuite.

Enhardi par mon indulgence, M. Bruce me demanda encore si je ne craindrais pas de lui donner un passe-port pour Paris, où quelques intérêts privés l'appellent. Je lui promis cette faveur en l'assurant que *notre cruauté ne survivait pas à notre colère.* Je ne sais si M. Bruce comprit l'à-propos de cette citation de Racine, bien digne du temple littéraire où nous nous trouvions; mais il s'inclina, et il a mis une carte chez moi ce matin.

Je suis, comme vous le voyez, parti d'un peu loin pour vous avertir que je vais donner un passe-port à M. Bruce, et que la chose me paraît sans nul danger.   M.

XXV.

M. DE CHATEAUBRIAND A M. DE MARCELLUS.

Paris, 16 janvier 1823.

J'ai reçu votre lettre du 12 et votre dépêche n° 45. — Je ne vois pas plus que vous d'inconvénient au passe-port donné à M. Bruce : cela ne peut inquiéter, tout au plus, que la susceptibilité jalouse de lady Parker.

Il y a bien peu de femmes à Paris qui eussent imité miss White dans ses bontés pour moi. Je souhaite que ma plume ne lui porte pas, avec elle, tous les soucis qu'elle m'a valus. — Votre anecdote sur cette soirée de *bas-bleus* a fort intéressé le roi. Il a rencontré à Londres, m'a-t-il dit, la plupart des hommes que vous nommez.

Le courrier étant parti, j'expédie le paquet par estafette. Vous verrez dans le *Moniteur* les trois lettres des cours du Nord, adressées au cabinet de Madrid. Elles sont évidemment moins fortes que la nôtre. Tenez le ton haut avec les ministres anglais, et soyez très-amical avec les légations continentales.

M. de la Garde n'a pas l'injonction positive de se retirer; et il est possible qu'il attende encore les ordres que je serai chargé de lui transmettre de la part du roi. Mais son rappel me paraît inévitable. Il est probable qu'on affectera envers nous, en Espagne, des dispositions pacifiques. Nous verrons bien.

C.

XXVI.

M. DE MARCELLUS A M. DE CHATEAUBRIAND.

Londres, 17 janvier 1823.

La longue noté que le cabinet britannique m'a adressée le 10 janvier, et dont je vous ai transmis aussitôt le texte et la traduction, était bien plutôt dirigée vers le palais de Westminster que vers la cour des Tuileries; le ministre en avait besoin pour son attitude parlementaire; et cette démarche est faite uniquement en vue de la publication future des documents diplomatiques où elle doit figurer. Or, comme ces communications officielles n'auront pas lieu avant le mois d'avril, vous voyez que M. Canning fourbit ses armes bien longtemps avant le combat.

« Eh bien! que pense-t-on à Paris de ma note? » me disait-il hier. — Ce que j'avais prédit, lui ai-je répondu, et ce que, au fond, vous avez dû pressentir vous-même. Cette note ne nous séparera pas de l'alliance continentale, et nous aurions souhaité, comme je vous l'avais dit avant sa rédaction, éviter cette explication superflue.—« Je ne pouvais pas, » a répliqué M. Canning, « laisser sans réponse la

« note de M. de Montmorency, où il refusait notre
« médiation douze heures avant de quitter les affai-
« res; c'était une flèche parthe qu'il nous décochait
« en fuyant. D'ailleurs, tout se publie aujourd'hui :
« M. de Villèle, par un procédé inusité, publie dans
« le *Moniteur* une note diplomatique signée de la
« veille. Les ambassadeurs du continent me com-
« muniquent ici, le 10, une circulaire confidentielle
« qui, le 11, se trouve dans tous les journaux.
« Quand le parlement nous demandera compte de
« nos efforts pour arrêter la guerre, il faudra bien
« publier aussi à notre tour, et prouver par des do-
« cuments authentiques que nous n'avons rien né-
« gligé pour maintenir la paix. »   M.

XXVII.

M. DE CHATÉAUBRIAND A M. DE MARCELLUS.

Paris, 27 janvier 1823.

Je vous préviens que la Garde est rappelé. Dites
toujours que nous voulons la paix, mais que nous
nous préparons à la guerre; que nous ne refusons
point les bons offices de l'Angleterre pour amener
cette paix; mais qu'il faut, pour première condi-

tion, que le roi soit libre de modifier la monstrueuse
constitution des cortès. Parlez toujours de paix :
nous la voulons, mais avec sûreté et honneur; et
nous aimons mieux la guerre que l'état d'incertitude
et de péril révolutionnaire où nous nous trouvons.
—Demain je vous enverrai le discours du roi; il
est fort guerrier, quoique ne fermant pas toute porte
à la paix.   C.

XXVIII.

M. DE MARCELLUS A M. DE CHATEAUBRIAND.

Londres, 27 janvier 1823.

Mes dépêches vous racontent longuement la
guerre des épithètes qui s'allume ici.—M. Canning
soutient que la question d'Espagne a cessé d'être
européenne comme elle l'était à Vérone, et qu'elle
est devenue *toute française* depuis votre accession
au pouvoir; en un mot, qu'elle est encore *européenne* dans la note de M. de Montmorency, et
qu'elle n'est plus que *française* dans votre lettre à
M. de la Garde.

Les ambassadeurs d'Autriche et de Russie se ré-
crient, et disent que la question espagnole est es-

sentiellement *européenne*, en ce qu'elle touche à des intérêts reconnus *européens*. Le ministre de Prusse ajoute que, quand l'*Europe* déclare une question *européenne*, aucun raisonnement ne peut faire qu'elle ne soit pas *européenne* réellement.

On me demande mon avis ; et je réponds, pour contenter les fantasques, que la question d'Espagne est *française* et *européenne* tout à la fois. Mais je suis loin d'éteindre ainsi la discussion, comme vous l'avez vu dans la note britannique ; cette note est elle-même un petit brandon de discorde et un masque pour déguiser l'indifférence des îles Britanniques envers le continent.

Quoi donc ? Si l'Angleterre s'enveloppe d'un dédaigneux égoïsme, ne serait-ce pas le cas, au lieu de la consulter pour agir, de l'avertir seulement quand on aurait agi ?

Avez-vous su que, dans une conversation dont j'ai rendu compte à Paris avant que vous fussiez ministre, comme je citais une dépêche de M. de Montmorency, disant que la France est intimement unie à ses *alliés* dans la volonté de repousser les principes révolutionnaires... à ce mot d'*alliés*, M. Canning m'a repris : — *Alliés ?* vous voulez dire *les puissances continentales ?* — Moi. Non, je suis sûr de ma mémoire. Il y a bien dans la dépêche *ses alliés.* — M. Canning. Sans doute par erreur,

car vous savez qu'à Vérone comme à Paris, nous
nous sommes constamment tenus à part. — Moi. Je
ne pensais pas que l'usage eût encore adopté cette
classification des *puissances continentales*, qui met
les quatre cours du continent d'un côté, et vos
îles de l'autre. — M. Canning. « La dénomination
« n'est point encore formelle; mais elle est consa-
« crée par le fait. — *Ita verborum vetus interit*
« *ætas*, » a ajouté le ministre avec un sourire sardo-
nique.   **M.**

XXIX.

M. DE CHATEAUBRIAND A M. DE MARCELLUS.

Paris, 28 janvier 1823.

Voici le discours du roi. Dites et répétez aux ambassadeurs des trois cours que nous ne nous sépare-
rons point de l'alliance continentale. Dites et répétez
aussi à M. Canning que nous voulons la paix comme
lui, et que l'Angleterre peut l'obtenir avant l'ouverture de la campagne, si elle veut tenir le même
langage que nous et demander la liberté du roi.
Mais ajoutez bien que notre parti est pris, et que
rien ne nous fera reculer. Nous ne pouvons garder

notre armée d'observation immobile sur la frontière sans l'exposer à la corruption. Nous ne pouvons la retirer sans déshonorer la cocarde blanche et sans révolter nos soldats. Il faut donc ou avancer, ou que l'Espagne fasse ce qui peut seul nous donner la paix avec l'honneur. — Vous ne sauriez croire quel mouvement j'ai imprimé à la France depuis que j'ai fixé les incertitudes du cabinet.   C.

XXX.

M. DE MARCELLUS A M. DE CHATEAUBRIAND.

Londres, 30 janvier 1823.

Ne nous trompons pas sur M. Canning. Encore irrésolu, il flotte entre les opinions monarchiques, qui ont fait son ancienne renommée, et la faveur populaire, qui lui ouvre un chemin plus sûr vers le pouvoir ; mais comme il écoute avant tout l'écho public et tend sa voile au vent qui souffle, on voit d'avance de quel côté il va pencher. Élève de Pitt, tory jusqu'à ce jour, il se fera whig à demi, et il adoptera les principes démocratiques, si ces principes dominent. Il en veut par instinct à l'aristocratie, et même à la haute opposition ; il est craint

9

plutôt qu'aimé du roi ; mais le peuple est à lui. Le peuple, épris de ses talents, l'a placé où il est ; et le peuple l'y maintiendra, s'il obéit au peuple. M.

XXXI.

M. DE CHATEAUBRIAND A M. DE MARCELLUS.

Paris, 30 janvier 1823.

Le discours du roi a fait merveille. Les divisions cessent. Les esprits se calment : au lieu de baisser, à l'annonce des crédits et des emprunts, les fonds montent ; tant cette nation est militaire ! C.

XXXII.

M. DE MARCELLUS A M. DE CHATEAUBRIAND.

Londres, 30 janvier 1823.

Le discours du roi à l'ouverture de la session, prononcé à Paris le 28, se vendait dans les rues de Londres le 29.

« Vous allez passer la frontière, » m'a dit M. Canning; « combien de temps nous donnez-vous encore « avant de vous lancer dans cet abîme de mal- « heurs? » — « Pouvons-nous encore, » a ajouté lord Liverpool, « dire, dans le discours de notre « roi, que tout espoir de paix n'est pas perdu ? » — J'ai répondu, sans hésiter, que si cet espoir repose sur quelque nouvelle de Madrid annonçant des dispositions à nous satisfaire, la phrase ne peut compromettre la parole royale; mais que si elle sous-entendait le désistement du gouvernement français, une telle assurance ne se peut donner, car la ligne tracée par le discours du roi de France reste irrévocable.

Le duc de Wellington, surpris lui-même du discours du roi, en a cependant parlé avec réserve. — « Convenez, » m'a-t-il dit en souriant, « que vous « avez à Paris des gens bien déraisonnables » — Sans doute, ai-je répondu, mais ils sont en minorité. Avouez qu'il n'en est pas de même à Madrid, et qu'il y en a aussi passablement à Londres. — Sa Grâce a souri de nouveau, et a paru penser comme moi.   M.

XXXIII.

M. DE CHÂTEAUBRIAND A M. DE MARCELLUS.

Paris, 1er février 1823.

Je vous envoie un courrier. Il vous porte une lettre pour M. Canning, et la copie d'une dépêche qu'il est essentiel que vous lui lisiez avant que le discours du roi d'Angleterre soit prononcé. Cherchez donc M. Canning, et voyez-le n'importe où. Vous me renverrez immédiatement ce courrier avec le discours du roi ; et si même ce discours annonce la neutralité de l'Angleterre en cas d'hostilités entre la France et l'Espagne, faites-moi annoncer ce fait par une dépêche télégraphique.

Nous n'avons point de nouvelles officielles d'Espagne depuis le 20 janvier; mais il est probable que le départ de M. de la Garde, qui doit avoir eu lieu vers le 30, aura produit quelque commotion. Que sera-ce à l'arrivée du discours du roi ?   C.

XXXIV.

M. DE MARCELLUS A M. DE CHATEAUBRIAND.

Londres, 31 janvier 1823.

J'ai revu M. Canning, et j'ajoute ceci à ma lettre d'hier : « Ce malheureux discours, » s'écriait-il ce matin, dans la troisième des conférences qu'il a voulu avoir avec moi depuis deux jours ; « ce malencon- « treux principe que vous établissez ainsi — que « Ferdinand soit libre de donner des institutions à « ses peuples, — a déplacé toute la question. Je serais « le premier à conseiller aux Espagnols de périr tous « les armes à la main plutôt que de céder à de telles « exigences. Voilà donc une guerre de théories po- « litiques allumée en Europe. Croyez-moi, elle aura « tous les caractères d'une guerre de fanatisme re- « ligieux, et je suis convaincu qu'elle amènera pour « résultat l'expulsion du trône d'Espagne de Ferdi- « nand et de sa famille.

« Vous le voyez, l'opinion ici est unanime contre « vous. Il n'y aura pas trois voix au parlement en « faveur de votre système. Nos ministériels eux- « mêmes manifesteront le plus ardemment leur dé- « sapprobation. Tous les journaux, d'accord en ce

« seul point, se réunissent contre ce fatal discours... »

En effet, la stupeur et l'indignation ont été générales hier à la Bourse et dans la Cité. Les gazettes
n'expriment que la colère, la haine ; elles crient :
Guerre ! vengeance ! et le *Times* a tenu au public le
même langage que m'a adressé M. Canning.

J'ai répété tous les arguments que vous lisez dans
mes dépêches depuis huit jours : les violations de
notre territoire, la corruption tentée envers notre
armée, notre longue patience.... ; M. Canning ne
m'écoutait pas. « Je suis au désespoir, » m'a-t-il dit
en me serrant la main, « et je ne sais quelles seront
« les suites de tout ceci.... »

—Quelles qu'elles soient, ai-je dit en me reti-
rant, elles n'affecteront pas sans doute les liens
d'amitié qui unissent les cours d'Angleterre et
de France. — « Je ne puis vous donner aucune
« assurance à cet égard, » m'a répondu M. Canning. « Ces liens, vous venez de les ébranler, et
« nous obéirons aveuglément à l'opinion publique. »
— Vous obéirez, ai-je repris, aux constants
intérêts de la Grande-Bretagne, et non aux émo-
tions passionnées d'un jour. La neutralité de l'Angleterre sera tôt ou tard proclamée, je l'affirme
même en ce moment, où vous semblez la mettre
en doute ; j'en ai pour garant ces mémorables paroles que j'ai entendues retentir il y a quelques

mois à Liverpool : — « Si l'Angleterre prend parti
« dans les querelles entre les peuples et les rois, elle
« perd sa position dominante , et elle court le risque
« de voir ses institutions non-seulement altérées ,
« mais renversées de fond en comble. — »

Apaisé tout à coup par cette citation de son célèbre discours, le ministre m'a dit en souriant :

« Ne te decipiant blandæ mendacia linguæ ! »

— Et je l'ai quitté.   M.

***

XXXV.

M. DE MARCELLUS A M. DE CHATEAUBRIAND.

Londres, 2 février 1823.

Attendez-vous à une note sur la définition de la légitimité et sur l'origine des constitutions; ce sera la suite
et le commentaire anglais du discours du trône en
France. M. Canning, ne pouvant agir utilement à Madrid ni à Paris, se rejette sur des discussions de principes ; et, pendant la neutralité pratique, la polémique
des théories continue. — Les injures du *Times* et
du *Morning-Chronicle* sont trop grossières pour

figurer dans une dépêche, ou pour s'en émouvoir.
Je n'ai pas eu un instant la pensée de les attaquer.
Le silence seul répond dignement à de tels outrages. Ces piqûres de la presse, la presse se charge
de les guérir.

Je le répète, malgré tout ce tumulte, vous pouvez compter fermement sur la neutralité de l'Angleterre. L'Opposition elle-même ne veut la guerre
avec la France que par taquinerie envers le ministère, dont elle voit la grande majorité adopter le
système neutre. Si celle-ci avait décidé la guerre,
tenez pour certain que l'Opposition n'eût pas manqué de crier à la détresse du pays, à l'insuffisance
du budget des recettes, et qu'elle aurait refusé les
subsides.   M.

XXXVI.

M. DE MARCELLUS A M. DE CHATEAUBRIAND.

Londres, 4 février 1823.

Vous avez déjà lu tout ce que dit ma dépêche
officielle sur l'absence du mot *neutralité;* mais à
votre lettre particulière du 1er février, si précise,

je réponds ici par une égale précision. Il ne saurait y en avoir trop en telle matière.

Ce matin, M. Canning, avant la séance d'ouverture, m'avait lu le paragraphe de l'adresse concernant la politique étrangère. Le mot *neutralité* n'y était pas; mais comme vous m'aviez prescrit, si ce mot était prononcé, de vous le dire par le télégraphe, j'ai eu peur que vous n'en vinssiez à lire, dans le silence du télégraphe, le mot *hostilité;* en conséquence, une heure après l'adresse récitée en séance solennelle, j'ai envoyé à Calais ceci :

Londres, mardi, 4 février, à 3 heures de l'après-midi.

« Le discours du roi dit qu'il conserve encore
« quelque espoir de voir l'irritation se calmer entre
« la France et l'Espagne, sans affirmer ou nier la
« neutralité de l'Angleterre, dont il ne parle pas. »

Maintenant, pour ne donner lieu ni à méprise ni à surprise, je vous raconte itérativement le fait dans cette lettre particulière, presque copiée sur ma dépêche officielle, et écrite cinq heures après ma dépêche télégraphique. Toutes les deux, bien que confiées à votre courrier extraordinaire, suivront lentement le *courrier des airs,* à moins qu'un nuage ne leur donne le temps de l'atteindre.   M.

XXXVII.

M. DE CHATEAUBRIAND A M. DE MARCELLUS.

Paris, 8 février 1823.

Le télégraphe a joué, mon courrier est revenu; vos trois lettres du 4 février, deux par terre, une par air, me sont parvenues chacune au temps voulu, et tant de précautions, si bien prises, ont déjoué les fausses versions et l'agiotage, mais elles n'ont pu les prévenir. Croiriez-vous que, le matin même de la séance anglaise, on a mis entre mes mains une prétendue copie du discours du roi? Elle avait été obtenue, disait-on, par des manœuvres habituées à triompher de tout, et on y lisait en toutes lettres le mot *neutralité*. Sûr de votre exactitude comme de votre intelligence, j'ai refusé d'y croire, puisque vous ne m'y aviez point préparé. La Bourse seule s'en est émue, et est venue à moi... Vous savez le cas que j'ai toujours fait de ses faveurs. Quelques minutes après, votre dépêche télégraphique m'arrivait et rétablissait la vérité. C.

XXXVIII.

M. DE MARCELLUS A M. DE CHATEAUBRIAND.

Londres, 10 février 1823.

M. Canning s'est excusé de ce que le mot *neutra-lité* ne se trouve pas dans le discours de S. M. Bri-tannique, qui va être prononcé dans quelques heures au parlement. « Dans l'agitation où sont les esprits, » m'a-t-il dit, « l'annonce d'un système de politique « arrêté eût été le signal d'une violente attaque de « la part de l'Opposition, et eût produit peut-être une « majorité contre nous. » (En effet, lord Lansdowne dans la première chambre, et M. Brougham dans la seconde, avaient préparé des amendements à l'a-dresse dans le cas où la *neutralité* eût été positive-ment annoncée.) « En laissant la question de la guerre « incertaine, nous évitons tout danger; et l'Opposi-« tion est bien affaiblie, puisqu'elle ne peut raison-« ner que sur des suppositions. D'ailleurs le minis-« tère français garde encore quelque espoir de paix : « M. de Chateaubriand me le dit; vous me l'expli-« quez aussi : en voilà assez pour justifier nos es-« pérances, au moins aux yeux du public, auquel

« je ne suis pas obligé de dire que dans ma convic-
« tion personnelle je désespère. »

Je ne puis en cette occasion mettre aucunement en
doute la sincérité de M. Canning. Il est très-vrai que,
disciplinée dans sa lutte, réservée dans sa marche,
l'Opposition, en Angleterre, obéit à des intérêts fixes
et non à des impulsions du moment; et, comme
elle aspire sans cesse au pouvoir, elle évite soigneu-
sement d'établir, avant d'y arriver, des principes
qui, à son avénement, enchaîneraient sa conduite
future. Aujourd'hui, en effet, ne pouvant raisonner
que sur l'incertain, affaiblie par l'absence de plusieurs de ses chefs, elle ne s'élèvera point avec violence contre la politique ministérielle, qu'elle peut
seulement entrevoir. Mais, jalouse de suivre, ou
même de devancer l'opinion publique, elle préparera
ses arguments presque en silence, et ces arguments
seront d'autant plus forts qu'ils n'auront pas été
énervés prématurément par une attaque passionnée
et intempestive.   **M.**

XXXIX.

M. DE MARCELLUS A M. DE CHATEAUBRIAND.

Londres, 11 février 1823.

« Je ne sais que penser des Espagnols, » me disait hier M. Canning, « ni comment traiter avec
« eux, nation entêtée et rétive. Les affaires ne
« sont pas aussi difficiles à suivre à Constantinople
« qu'à Madrid. Des deux côtés, il faut chaque jour
« monter à l'assaut de leur esprit, et toujours à
« l'aide d'interprètes... Le fier Castillan me paraît
« ressembler beaucoup au Turc. » — Vous êtes en
ce moment un continuateur ou un plagiaire de lord
Byron, ai-je répliqué. Et comme, pendant mon
séjour en Turquie, j'avais appris et bien souvent
redit ce passage des notes de *Childe Harold,* je le
répétai : — « Les Ottomans, après tout, ne sont pas
« un peuple à mépriser. A l'exception de la France
« et de l'Angleterre, je ne vois pas de nation qui les
« dépasse en intelligence ou même en industrie. Un
« sabre turc est-il inférieur à un sabre de *Tolède?*
« Un Turc est-il plus mal vêtu, logé, nourri qu'un
« Espagnol ? Leurs pachas sont-ils plus mal élevés
« que les grands d'Espagne, et un effendi qu'un

« chevalier de Saint-Jacques? Les Turcs, au moins
« égaux aux Espagnols, sont fort supérieurs aux
« Portugais. » — Le ministre a beaucoup ri de ce
parallèle. — Eh bien! ai-je repris, ce caractère obstiné et inflexible des Espagnols est un de nos meilleurs arguments. Cette nation est trop imbue de ses
vieilles coutumes et de ses anciennes institutions,
pour passer brusquement à la démocratie, et pour
ne pas lui préférer un gouvernement modéré.

« Vous devez, m'a dit M. Canning, dans nos pre-
« miers débats parlementaires, être content même
« de l'Opposition. Elle a ménagé votre roi, tandis
« qu'elle a attaqué violemment les trois monarques
« du Nord. J'avais annoncé et prédit à M. de
« Chateaubriand, qui va me croire le souffleur de
« M. Brougham, cette vive sortie contre l'empereur
« Alexandre. Il faut convenir que certaines phrases
« de la note russe au cabinet espagnol étaient d'une
« grande maladresse. On a respecté Louis XVIII
« en raison des espérances que nous avons données
« du maintien de la paix, quoique, à vrai dire, il
« n'y ait plus à l'espérer. Une seule chose (j'en suis
« convaincu dans le fond de mon âme) pourrait tout
« calmer. Il faudrait détruire l'armée d'observation
« et proclamer que l'Espagne reste abandonnée à
« elle-même. » — Vous n'allez pas, sans doute, ai-je
repris en souriant, jusqu'à nous donner ce con-

seil. Je ne me chargerais point de le transmettre ; je puis vous assurer qu'il ne serait pas suivi, et qu'il recevrait mauvais accueil. — « J'ai la persuasion « morale, » a répliqué le ministre, « qu'il amènerait « promptement la pacification de l'Espagne. »

Plusieurs autres ministres m'ont tenu un langage bien différent, et m'ont exprimé le désir de nous voir passer sur-le-champ les frontières, et nous précipiter sur Madrid. La scission du cabinet britannique sur ce point, comme sur tant d'autres, est manifeste, et un changement dans le ministère, qui ne pourrait être que défavorable à nos intérêts, dépend de nous. Si le parti démocratique se fortifie dans la Péninsule, si notre entrée en campagne est retardée, si notre marche est lente, enfin si l'opinion publique en Angleterre a le temps de jeter dans la lice ses injures, ses trésors, et de pousser à un parti violent, plusieurs des ministres actuels se retireront du conseil, où la domination effective sera laissée à M. Canning. Si, au contraire, toutes négociations cessant, nous décidons une action immédiate, rapide, et que nous avancions à grands pas sur les Cortès, la *neutralité* sera définitivement résolue; le ministère restera ce qu'il est ; et M. Canning, sans en devenir en ce moment le directeur, s'y maintiendra cependant par ses talents et par la faveur du peuple.   M.

XL.

M. DE CHATEAUBRIAND A M. DE MARCELLUS.

Paris, 14 février 1823.

Le gouvernement espagnol aux abois, fait une dernière tentative, et propose de nouveau l'entremise de l'Angleterre. C'est moins acceptable que jamais. Un message des Cortès demande de transporter le siége de l'État à Cadix, à la Corogne, à Badajoz, que sais-je?... Ainsi, les voilà qui fuient à la seule apparence d'un soldat français à la frontière! Vous pouvez compter qu'avant vingt jours nous serons entrés en Espagne, si rien n'arrive avant ce temps-là. Je réponds ainsi à vos deux dernières lettres, dont les raisonnements m'ont frappé. Ce que vous dites de la désunion du ministère britannique est fort juste. Ne croyez pas à tous les sots contes de la retraite de M. de Villèle, et de la division de notre conseil.   C.

XLI.

M. DE MARCELLUS A M. DE CHATEAUBRIAND.

Londres, 18 février 1823.

Comptez, je le dis encore, sur la neutralité de l'Angleterre. Au milieu de tout ce tumulte haineux, je ne l'ai pas mise en doute un seul instant. La véhémence de lord Liverpool, dans la séance de l'adresse, et l'humeur violente de M. Canning, n'ont point ébranlé ma conviction. J'ai pensé que, l'émotion publique se calmant insensiblement, l'Angleterre n'en viendrait jamais à déclarer la guerre à la France, et à se porter l'unique auxiliaire d'un peuple qu'elle accuse d'obstination dans ses préjugés, d'ingratitude envers ses alliés, pour lequel elle n'a pas le degré d'estime qu'il mérite et que nous professons, enfin, contre qui elle vient d'armer elle-même dans l'intérêt de ses griefs commerciaux. La question catholique, les attaques de l'Opposition sur les impôts, le budget qui ne présente pas ici, pour balancer ou diminuer sa dette, l'excellente institution de notre caisse d'amortissement, l'administration des recettes, l'état de l'Irlande, et la réforme parlementaire, vont occuper l'opinion publique. On

oubliera l'an prochain la question d'Espagne comme
on a oublié le procès de la reine, cause de tant d'o-
rages; et cela, parce que cette question ne porte
pas sur un intérêt directement national, et ne pourrait que donner à l'Angleterre un triomphe passager d'opinion, mais non ouvrir pour elle une source
nouvelle et durable de prospérités.   M.

XLII.

M. DE CHATEAUBRIAND A M. DE MARCELLUS.

Paris, 20 février 1823.

Sir Ch. Stuart nous assure que l'Espagne nous
proposera toutes les garanties possibles, excepté le
changement de ses institutions, qu'elle *remettrait
à un autre temps*. Vous voyez que c'est toujours la
même histoire et la même mauvaise foi. Quelle garantie peut-on nous offrir sérieusement, si on ne
change pas la constitution? Dites à M. Canning que
je ne pourrai répondre à sa lettre avant que j'aie
parlé à la chambre. Les affaires m'écrasent. Je serais bien aise qu'il ne parlât, de son côté, qu'après
avoir connu mon discours.   C.

XLIII.

M. DE MARCELLUS À M. DE CHATEAUBRIAND.

Londres, 23 février 1823.

Londres est le refuge de tous les Européens bannis de leur pays (1), et ils exploitent l'hospitalité britannique en toute licence. L'ambassadeur d'Autriche, insulté et poursuivi publiquement, il y a un mois, dans les rues par un Italien, n'a pu obtenir une satisfaction telle quelle qu'après avoir signifié qu'il allait demander son rappel, si le ministère ne trouvait aucun moyen de prévenir ou de punir de telles injures. Ces cas d'insulte, et la scène à l'arrivée du duc de San-Lorenzo pouvant se répéter pour nous, puisqu'il loge dans mon voisinage, j'ai déclaré au ministre que je rendais le gou-

---

(1) Louis XVIII me dit à mon retour de Londres : « L'Angleterre ne se doute pas qu'elle copie en ce moment la sainte « Vierge, et qu'après avoir été de mon temps la consolatrice « des affligés, *consolatrix afflictorum*, comme dans les litanies, elle est devenue le refuge des pécheurs, *refugium* « *peccatorum*. C'est mon frère qui me faisait faire hier cette « observation. »

10.

vernement responsable de toute attaque contre
l'ambassade; que j'avais ordonné, au moindre ras-
semblement populaire, la clôture de l'hôtel; et que,
si la foule osait en franchir le seuil, je prendrais
conseil de mon indignation plus que de ma force.

Au reste, je n'ai pas à regretter les vociférations
injurieuses, la boue et les vitres cassées que l'hôtel,
fermé par mes soins, a dû subir le jour de l'entrée
du duc de San-Lorenzo, tous détails dont j'ai grossi
ma dépêche officielle. Cet incident a été favorable à
notre cause; et ces vengeances populaires, en même
temps qu'elles jettent sur ceux qui en sont les ob-
jets une sorte d'intérêt et de faveur, sont trop lâches pour ne pas être hautement réprouvées par
une nation amie des convenances et des égards
sociaux.

Croiriez-vous que le nom des *jésuites* vient de
résonner sous les voûtes de Westminster? Voici le
fait : Aux communes, M. Brownlow a appuyé quelques pétitions qui ont demandé l'abolition des éta-
blissements de *jésuites* en Irlande, vu que ceux-
ci, retenant à dessein le peuple dans l'ignorance,
étaient en partie la cause des malheurs récents de
ce pays.

MM. Parnell, Hutchinson et sir J. Newport ayant
déclaré qu'ils n'avaient jamais entendu parler d'é-
tablissements de jésuites en Irlande, M. Brougham

s'est levé pour dire qu'on avait quelquefois accusé les jésuites de répandre de fausses lumières, mais jamais de laisser les esprits dans les ténèbres ; — et la chose en est restée là. **M.**

XLIV.

M. DE CHATEAUBRIAND À M. DE MARCELLUS.

Paris, 24 février 1823.

M. Jackson, venant de Madrid, vient de traverser Paris et se rend à Londres. Il y porte l'arrangement définitif pour le payement de la dette espagnole envers l'Angleterre. Je crois que je parlerai lundi ou mardi à la chambre des députés. Je traiterai à fond toute la politique de la France et de l'Europe. J'espère que Canning sera content de moi.

J'ai remarqué votre lettre du 18 ; et je pense entièrement comme vous sur la situation intérieure et extérieure d'Albion. **C.**

XLV.

M. DE MARCELLUS A M. DE CHATEAUBRIAND.

Londres, 27 février 1823.

Je savais que le ministère espagnol avait fait demander au gouvernement britannique sa garantie
pour quelques emprunts pécuniaires qu'il médite à
Londres. Je savais aussi que M. Canning n'avait dit
encore ni *oui* ni *non*. Je lui ai donc posé la question la plus directe à ce sujet. — « Donner une ga-
« rantie? » m'a-t-il dit vivement; « mais avec les
« Espagnols, ce ne serait pas prêter, ce serait don-
« ner de l'argent. Ce sont de mauvais débiteurs ! »
Vous connaissez la manie anglaise des gageures.
Il semble que cette façon de perdre son temps et son
argent ait pour les riches oisifs des clubs plus d'at-
trait que toute autre. Dernièrement, le livre qui en-
registre ces bizarreries (*the Betting-Book*) contenait
ce singulier paragraphe : — On parie que lord Liverpool aura, de la vieille femme qu'il vient d'é-
pouser, trois enfants, avant que les Français ne
soient entrés à Madrid. — Malgré le mauvais goût
de la plaisanterie, il y a eu de part et d'autre bien
peu de sommes engagées sur ce pari.   M.

XLVI.

M. DE MARCELLUS A M. DE CHATEAUBRIAND.

Londres, 28 février 1823.

Hier, je me suis plaint, et très-vivement, de la permission d'exporter en Espagne toutes armes et munitions de guerre; permission que le ministère vient de donner de son propre mouvement en révoquant l'arrêt qui s'y oppose. Ceci ne peut se considérer comme un acte d'*honnête* neutralité. Des marchés importants d'armes et de munitions se traitent; des banquiers, membres influents de la chambre des communes, sont entrés dans ces spéculations que le gouvernement encourage de la manière la plus manifeste, comme s'il ne lui suffisait pas d'avoir permis cette exportation, prohibée pour l'Espagne jusqu'à présent.

Divers négociants sont aussi venus me proposer de grands achats de munitions de guerre. D'autres ont adressé leurs offres directement à Paris, à M. le duc de Bellune. Je n'ai donné, quant à moi, aucune réponse, espérant par mon silence empêcher ces négociants de porter au gouvernement espagnol leurs propositions et leurs marchés.

Il n'y a point encore de préparatifs d'armements
en course dans les ports anglais. M. Canning me disait à ce sujet qu'aucune flotte royale n'était encore sortie des ports, mais que six jours suffisaient
pour son équipement; qu'au reste, dès que des vaisseaux de guerre européens appareillaient, l'amirauté avait pour habitude de mettre en mer de son
côté, plutôt par émulation et par délicatesse nationale que dans un but hostile.

J'apprends à l'instant et de très-bonne source
que, avant-hier, dans un conseil secret des ministres, M. Canning a prétendu qu'on ne pouvait lutter
contre l'opinion générale, et que cette opinion demandait impérieusement de secourir l'Espagne.
M. Peel a déclaré alors que l'honneur de l'Angleterre, l'intérêt de ses institutions et de son commerce, étaient de maintenir une stricte neutralité; et
il a terminé en disant que, si une conduite opposée
à celle que l'Angleterre avait toujours suivie envers
les révolutions venait à être adoptée, il devait à sa
conscience de se retirer du ministère aussitôt. Ce
jeune ministre l'a emporté. La grande majorité du
conseil s'est réunie à lui, et M. Canning a dû céder
au nombre.   M.

XLVII.

M. DE CHATEAUBRIAND A M. DE MARCELLUS.

Paris, 1er mars 1823.

Je suis désolé que l'affaire Manuel soit venue couper la discussion. J'aurais repoussé les faibles raisons qui m'ont été opposées, et qu'on a fondées particulièrement sur la *date* de la déclaration anglaise, comme si c'était la *date* dont il est question pour moi, et non du principe même d'intervention, clairement énoncé, clairement développé dans cette déclaration. L'effet de mon discours ici passe toute croyance, même parmi les libéraux.   C.

XLVIII.

M. DE CHATEAUBRIAND A M. DE MARCELLUS.

Paris, 2 mars 1823.

Je vous ai écrit quelques lignes hier. Le procédé de l'exportation des armes n'est pas un procédé ami. Dites à M. Canning que j'aurais mieux aimé qu'il eût défendu cette exportation pour les côtes de France; c'eût été un autre moyen de garder la neutralité.

Bon courage! vous en avez besoin dans ces ouragans de haine britannique, dans ces violences de la rue, et dans ces emportements de M. Canning.

C.

XLIX.

M. DE MARCELLUS A M. DE CHATEAUBRIAND.

Londres, 3 mars 1823.

L'effet de votre discours à Londres a été aussi rapide qu'excellent. Cet amour d'une sage liberté, cette haine des doctrines dangereuses à l'ordre social, si éloquemment développés, ne pouvaient manquer d'agir puissamment sur une nation qui raisonne. Je le fais traduire dans un style plus soigné que la traduction presque improvisée du *New-Times*, et je le fais répandre; mais je n'ai pas cru devoir, bien qu'on m'en ait prié, l'envoyer en français ou en anglais, en votre nom ou au mien, à M. Canning. Au reste, ses taquineries politiques et ma réserve officielle n'ont point refroidi ma liaison avec lui.

Dans son cabinet, il me traite avec la même familiarité. Là l'humeur et les sarcasmes tombent, il ne reste que l'homme poli et l'ami bienveillant.

M.

L.

M. DE CHATEAUBRIAND A M. DE MARCELLUS.

Paris, 3 mars 1823.

Vos dépêches, comme vos lettres particulières, sont très-bonnes. Continuez ainsi. Laissez mon honorable ami Canning se fâcher tant qu'il lui plaira. Il s'est fourvoyé. Il avait rêvé la guerre, et il ne peut pas la faire : voilà la raison secrète de son humeur. Vous pouvez être certain qu'il se fâchera à propos de tout. Mon discours, qui devrait le satisfaire, puisque je dis que nous écouterons toute proposition de paix, ne le satisfera pas. Il y trouvera quelque raison nouvelle d'aigreur et d'irritation. — A Madrid, tout est en dissolution. Comment l'Angleterre prendrait-elle ce moment pour rompre la neutralité? Il n'y aura peut-être plus de Cortès dans huit jours. Je parlerai demain, à la chambre des députés, longuement et tout en éloges de l'Angleterre, et particulièrement de lord Liverpool et de M. Canning. Je m'attends néanmoins à des attaques dans le parlement comme dans les journaux d'outre-mer; mais si cela m'arrive, je me défendrai de mon mieux dans nos chambres ou ailleurs, et nous verrons qui gagnera au marché. — Voici une affaire de Portugal; vous verrez l'insolence de ce petit royaume révolutionnaire qui veut à toute force qu'on s'occupe de lui.   C.

LI.

M. DE MARCELLUS A M. DE CHATEAUBRIAND.

Londres, 4 mars 1823.

Les ambassadeurs de Russie, d'Autriche et de Prusse ont lu votre discours avec enthousiasme. Le comte de Lieven regrette seulement la citation des paroles généreuses de son souverain. « Elles ont « ici, dit-il, un véritable danger; car elles excite- « ront contre mon maître de longues et vives « attaques. » J'ai répondu que le monarque qui tient un si noble langage est peu sensible aux injures et aux malignes interprétations des ennemis de l'ordre social.

Le comte de Lieven, homme froid et sensé, ne se départ guère ici d'une marche lente et mesurée qui ressemble à l'inaction : on prétend que Georges IV nomme cet ambassadeur la plus dormante image du souverain le plus éveillé.

Lord Westmoreland riait hier avec moi de l'opposition politique des deux sexes que rallie contre nous sa fille, lady Jersey; et comme j'essayais de lui démontrer qu'il y avait bien là un côté sérieux, que c'était saper sourdement la monarchie antique et héréditaire des Bourbons, et que cette monarchie était aujourd'hui pourtant la seule garantie de l'Europe contre l'anarchie intérieure de la France si universellement contagieuse, contre le goût des conquêtes inoculé pendant dix ans à notre pays, enfin contre le retour des fléaux révolutionnaires qui pouvaient également atteindre l'Angleterre. — « Vous prêchez un converti, » m'a répondu lord Westmoreland, dans le brusque et énergique langage que vous connaissez; « mais c'est à vos mi- « nistres cette fois à étouffer l'esprit jacobin. Qu'ils « ne se laissent pas assourdir par le bavardage de « l'Opposition dans vos chambres. Elle se compose « de ces vieux meubles de l'Empire (*old imperial* « *furniture*) que Louis XVIII a cru rajeunir en les « redorant; qu'il ne s'y appuie pas, ils craqueraient « (*she will crack*) tous jusqu'aux derniers. Remar-

« quez que presque tous ces criailleurs (*bawlers*),
« qui veulent vous empêcher maintenant de paci-
« fier l'Espagne, étaient de véritables muets du sé-
« rail quand, il y a quinze ans, une agression traî-
« tresse (*traitorous*) mettait le feu à la Péninsule.
« Écrivez cela, de ma part, à M. de Chateaubriand,
« et sans y rien changer. » — Il me semble que je
viens d'obéir très-scrupuleusement à cette dernière
injonction.   M.

LII.

M. DE CHATEAUBRIAND A M. DE MARCELLUS.

Paris, 6 mars 1823.

Votre idée est très-bonne, et je vous en remercie. Faites traduire. Je ne sais si mon discours réus-
sira partout en Angleterre, mais son effet a été immense à Paris ; le gouvernement en est devenu cent
fois plus fort. Il a précipité Manuel et son parti
dans cette scène dont tout le monde rit ici. — Pourquoi donc enverrais-je à M. Canning mes discours,
quand certainement M. Canning ne m'enverrait pas
les siens ? Il faut un peu apprendre à tout le monde
que nous prétendons à la parfaite égalité.   C.

LIII.

M. DE MARCELLUS A M. DE CHATEAUBRIAND.

Londres, 5 mars 1823.

Votre dernière dépêche officielle me donnait des explications rassurantes sur les troubles qui ont précédé et suivi l'exclusion de M. Manuel; j'ai essayé de les faire comprendre à plusieurs ministres avec lesquels je dînais avant-hier chez lord Westmoreland. Ils blâment comme nous le langage de cet orateur; mais moins que nous ils s'en indignent : et si quelques-uns ont pensé qu'une pénalité devait s'appliquer à ces excès de la parole, tous ont jugé que l'*exclusion* était une peine trop sévère, et que le *silence imposé* suffisait. Ils ont unanimement condamné l'intervention définitive des gendarmes, et plus encore l'imprudence de la chambre des députés, qui expose, dans une première tentative de répression, aux harangues de M. de la Fayette une garde nationale douteuse. Tout ce que, pour vous obéir, j'ai pu faire insérer dans les journaux britanniques sur ce point sera inutile, et ne redressera pas l'opinion. Ceci touche à la représentation nationale, aux libertés parlementaires, et ces deux inté-

rêts sont réglés et respectés ici depuis trop longtemps pour que je puisse réussir à rectifier même
les préjugés qui s'y rattachent.

Vous ne sauriez croire combien hautement la conduite de la chambre des députés dans cette circonstance a été désapprouvée par la société, par le
peuple, et même dans le conseil des ministres.
« Cette garde nationale, qui refuse d'obéir dans
« l'enceinte parlementaire, m'a dit M. Canning,
« n'est-elle pas elle-même la force sur laquelle s'ap-
« puie votre sécurité de tous les jours? Et cette
« majorité qui a créé le ministère actuel, en mon-
« trant tant de violence, n'annonce-t-elle pas son
« peu de durée? » J'ai fait tout ce que j'ai pu pour
détruire ces funestes pressentiments. Dans ce pays,
plus exercé que le nôtre aux débats tumultueux, et
mieux soumis aux formes parlementaires, je n'ai
pas réussi à justifier la sévérité de la chambre des
députés qui consacre un dangereux précédent. Je
me suis attaché au moins à démontrer que le gouvernement s'était tenu à l'écart dans cette question
de police intérieure ; mais, malgré ces trop longs
détails, je ne reproduis ici qu'imparfaitement l'impression défavorable qu'a faite à Londres l'exclusion de M. Manuel.   M.

LIV.

M. DE CHATEAUBRIAND A M. DE MARCELLUS.

Paris, 10 mars 1823.

Je vous envoie copie de la lettre que j'écris directement à M. Canning, afin que vous sachiez où
j'en suis avec lui. Son humeur augmente à mesure
que ses espérances de négociation, de médiation ou
d'action diminuent ; c'est dans l'ordre. Nous avons
les meilleures nouvelles de Russie. L'empereur m'a
écrit une lettre pleine de bonté. Il nous soutiendra
de tout son pouvoir, si l'Angleterre était assez
aveugle pour nous attaquer ; et vous pouvez être
sûr que l'Autriche et la Prusse suivraient : mais,
grâces à Dieu, nous n'en sommes pas là, et l'Angleterre restera neutre.

Vous aurez vu toute la farce de nos libéraux ! Ils
en sont bien honteux ; ils n'ont pas pu, à propos
de Manuel, ameuter quatre Savoyards. Ils boudent
encore, mais on croit qu'ils reviendront voter le
budget. Nous sommes en plein succès. Je parlerai à
la chambre des pairs sur la loi des cent millions ; et
j'y dirai ce que je n'ai pu dire en réplique, à la

11

chambre des députés, parce qu'il n'y avait plus d'opposants.

Rassurez le comte de Lieven. Je n'ai rien dit de l'empereur de Russie que par *son ordre*.   C.

LV.

M. DE MARCELLUS A M. DE CHATEAUBRIAND.

Londres, 7 mars 1823.

« Quant au Portugal, » m'a dit M. Canning, « nos « traités avec lui ne sont pas *impératifs*, mais *dis- « crétionnaires*, heureusement. Nous ne sommes « engagés à le protéger que si on l'attaque, mais « non pas quand il provoque. Ce petit royaume « me fait l'effet d'un joli *Kings-Charles*, qui jappe « de toutes ses forces pendant la querelle de deux « ou trois dogues, et qui leur dit, dans son langage : « Mais regardez-moi donc. Moi aussi, j'aboie et je « fais mon bruit tout comme un autre. Remarquez- « moi au moins, et honorez-moi de votre colère. « Puis, quand on leur répond qu'on n'a rien à dé- « mêler avec eux, irrités d'être si petits, ils s'ef- « forcent de vous prouver qu'ils ont mérité notre « ressentiment et encouru notre disgrâce. » — En sortant du ministère, j'ai rencontré lord Harrowby et lord Westmoreland, qui s'y rendaient pour le conseil. — « Vos troupes sont-elles déjà en Espa-« gne? » m'a demandé ce dernier. — « Qui vous « arrête? » a ajouté lord Harrowby. — J'ai parlé des espérances qui nous restaient encore de la sou-mission du ministère espagnol. — « Bah! » a repris lord Westmoreland, « allez toujours. En 1821, le « jour où se préparait une motion violente dans le « parlement en faveur des Napolitains, la capitula-« tion de Naples arriva, et tout fut dit. »

J'ai fondé à l'ambassade une série toute spéciale de *dépêches parlementaires,* où les transactions des deux chambres britanniques sont analysées, résu-mées et consignées sous leur date respective. Mes *dépêches politiques* en seront moins encombrées, et moins éparpillée l'attention de *mes lecteurs.*

C'est donc dans ma dépêche parlementaire n° 3 que vous verrez le fond et les chiffres du compte rendu de M. Robinson, sorte d'événement financier. Avant même que l'élégante et vive éloquence de M. Canning ne fasse oublier le lourd débit et les métaphores entortillées du marquis de London-derry, le nouveau chancelier de l'Échiquier a voulu que sa parole claire et que son style lumineux vins-sent jeter autant de jour sur les chiffres du budget que la voix presque inintelligible et les comptes

embrouillés de son prédécesseur, M. Vansittart, y
répandaient d'obscurité. L'excellent exposé de M. Robinson honore son début et consolide la position
de cet élève, émule et ami de M. Canning.   M.

LVI.

M. DE MARCELLUS A M. DE CHATEAUBRIAND.

Londres, 8 mars 1823.

Pour faire trêve à nos soucis, j'ai imaginé de
réunir chez moi l'aristocratie parlementaire, et de
réveiller ainsi en notre faveur le zèle de la bonne
compagnie. L'à-propos politique de cette diversion
a été parfaitement senti par les ambassadeurs étrangers. Les excès de la populace à l'arrivée du duc
de San-Lorenzo, et mes explications avec M. Canning, dont le secret n'a pas toujours été bien gardé,
m'ont engagé à montrer que je n'avais ni peur ni
rancune.

Vous l'avouerai-je? il m'a paru piquant de recevoir à l'ombre de ces mêmes murs encore tout ta-
chés de la boue populaire, et comme en expiation,
la visite de tous les hommes que l'Angleterre a
placés à sa tête, empressés de me témoigner leur

sympathie. L'aristocratie, gardienne des convenances, a bien voulu, en cette occasion, oublier ma jeunesse et l'embarras où j'étais de n'avoir, pour faire les honneurs de ma maison, que moi-même.

Tous les membres du cabinet ont mis à venir chez moi une intention toute particulière, malgré la longueur inusitée de leur séance au parlement. Le duc de Wellington, lord Harrowby, lord Bathurst, lord Liverpool, M. Peel, le chancelier de l'Échiquier, lord Palmerston, et les états-majors de leurs ministères, le lord-maire lui-même que j'avais appelé, puisque l'an passé vous m'en aviez donné l'exemple, ont honoré longtemps le bal de leur présence. Nos salons, que vous aviez embellis pour les fêtes de votre retour, resplendissaient de toilettes empruntées pour la plupart à notre industrie. On se pressait jusque sur l'escalier, où débordait la foule. Vous savez que c'est de bon ton aujourd'hui, et que là est le signe distinctif du succès.

Les beautés à la mode, et ces nobles ladies qui, dès qu'un jour a brillé après leurs dix-sept ans, sont honorées à Carlton-House du baiser du roi et se mettent aussitôt en quête d'un mari, sont venues sans répugnance briller et danser chez un garçon; enfin, d'Orsay y traînait à sa suite le cercle admirateur des dandys qui lui font cortége.

M. Canning était malade d'un accès de goutte qui l'a retenu dans son lit toute la journée; il avait députe auprès de moi, avec une lettre d'excuses très-bienveillante, ses deux sous-secrétaires d'État, les sommités administratives de *Downing-Street,* puis madame Canning et sa fille, miss Henriette, qui, sans s'inquiéter du congrès de Vérone, dansait de tout son cœur, et avec sa grâce ordinaire, avec tout ce qui danse parmi les représentants des puissances continentales indistinctement.

Le roi m'a cédé pour quelques heures presque tous les gentilshommes de sa maison. Mon vieil ami, l'amiral Jabat, ministre d'Espagne, que j'avais compris dans mes invitations, tenant compte de l'humeur des Cortès, s'était fait excuser la veille par un de ses secrétaires; mais le chargé d'affaires de Portugal, sans égards pour les clameurs de Lisbonne, s'est rendu avec empressement à la réunion; et le *mob,* cette fois silencieux et paisible, s'est promené autour de l'hôtel de l'ambassade à la lueur des flambeaux qui en éclairaient le péristyle.

Les journaux donnent des détails fort exagérés sur la magnificence de cette soirée; mais je n'avais rien négligé pour la rendre digne du roi et du pays que je sers.   M.

LVII.

M. DE CHATEAUBRIAND A M. DE MARCELLUS.

Paris, 11 mars 1823.

Votre fête a fort diverti le roi, à qui j'ai lu votre
lettre particulière du 8 ; il m'a chargé de vous faire
son compliment sur votre succès. Je vous félicite
aussi de vous être vengé en habile homme, et j'ai
bien ri pour ma part de ces insulaires que vous faites sauter pour leur fermer la bouche. Voilà un propos bien peu grave, n'est-ce pas, pour un ministre
des affaires étrangères. Que voulez-vous? vous m'a-
vez mis en train ; et je pleure si souvent que, quand
le rire vient à me prendre, je le laisse aller.   C.

LVIII.

M. DE MARCELLUS A M. DE CHATEAUBRIAND.

Londres, 12 mars 1823.

J'ai eu l'idée, après mon grand bal où figurait
la haute aristocratie, de donner un grand concert

où paraîtrait la société secondaire, que je vois, en
automne surtout, pendant l'absence de l'autre : les
nababs revenus des Indes, les banquiers, les riches
négociants et les industriels. Cette nouveauté, que
n'eût pas osée un ambassadeur, de peur de déplaire
au grand monde, très-exclusif en Angleterre, j'ai
cru qu'un chargé d'affaires pouvait la risquer :
elle a eu un plein succès. J'avais eu soin d'inviter
aussi deux ou trois des plus *fashionables dandys*,
entre autres, lord Alvanley, homme d'infiniment
d'esprit et de fines saillies. Ils ont bien voulu ne
pas se croire trop déplacés en dehors de leur compagnie habituelle; et ils ont redit, dans leurs cercles
de *High-Life*, leur étonnement et leur satisfaction
d'avoir assisté, à Londres, à une réunion distinguée,
par de si bonnes manières, de si brillantes toilettes
et tant de *beautés* anglaises, où, pour la première
fois de leur vie, ils ne connaissaient que le Français,
maître de la maison.   M.

LIX.

M. DE CHATEAUBRIAND A M. DE MARCELLUS.

Paris, 13 mars 1823.

Canning ne se montre pas très-ami. C'est tout simple, il m'en veut de n'avoir pas cédé à ses menaces, et de n'avoir pas précipité la France aux genoux de l'Angleterre. Il ne peut pas guerroyer, il n'en a aucune demi-raison plausible. Il le sent, et il est piqué de s'être si fort avancé. Mais, guerre ou non, la France fera ce qu'elle doit faire, ou je ne serai plus ministre.

Tout, au reste, va bien. Nous aurons la paix et une armée, et j'espère que la France me devra ce double bienfait. M. Brougham sera forcé de reconnaître que l'homme des rêveries est aussi un homme très-positif; que je suis bon à quelque chose, et que je sais faire l'*histoire* comme le *roman*. Je parlerai des injures de ce radical à la chambre des pairs, mais avec ces convenances et ce ton de bonne compagnie dont un Français ne s'écarte jamais..... Donnez des fêtes, et ripostez ferme à M. Canning.　　　　　　　　　　　　　　　C.

LX.

M. DE MARCELLUS A M. DE CHATEAUBRIAND.

Londres, 14 mars 1823.

Sir Ch. Stuart écrit aussi, de son côté, de petites nouvelles tout auprès des grandes. — « Est-il vrai « que M. Hyde de Neuville va être nommé ambas-« sadeur à Londres ? » m'a dit M. Canning. « Nous « aimerions mieux le comte Just de Noailles ou le « duc de Laval ; on parle de M. Delalot, de M. de « la Bourdonnaie ; on prétend aussi que M. de « Cazes a quelques chances de retour, et qu'il « tient encore au cœur de Louis XVIII. On nous « consultera sur ce choix, sans doute. »—Je crois, ai-je répondu, que rien n'est encore fixé à cet égard.

Vous ne m'avez rien dit, depuis un mois, de vos affaires particulières ; j'ai pourtant besoin, pour les terminer ici, de vos réponses à mes questions réitérées.   M.

LXI.

M. DE CHATEAUBRIAND A M. DE MARCELLUS.

Paris, 17 mars 1823.

Ce que vous a dit M. Canning sur notre ambassadeur à Londres est une fanfaronnade. Il aura *qui bon me semblera*. Il n'y a pas un mot de vrai sur Cazes. Ce sont des fagots de sir Ch. Stuart, qui les multiplie en ce moment.

Je croyais vous avoir répondu pour mes affaires particulières.

Entendez-vous par là les comptes privés de mon ambassade? Il me semble que vous les avez déjà arrêtés, soldés, et que je n'ai plus rien à y voir.

Entendez-vous ce qui vous reste à moi, comme meubles, dans l'hôtel? alors je vous dirai qu'il faut attendre mon successeur, et rester comme nous sommes.   C.

LXII.

M. DE MARCELLUS A M. DE CHATEAUBRIAND.

Londres, 21 mars 1823.

Vos comptes privés à Londres sont soldés sans doute; mais votre situation financière n'est pas liquidée, *et vous avez encore à y voir*.

Permettez que je vous rappelle ce que vous avez oublié, ou que je vous explique ce que vous n'avez jamais bien su peut-être.

Du produit des traites que vous avez tirées sur vos appointements d'ambassadeur, et qui m'ont été escomptées ici, à partir du 5 avril, jour de votre arrivée, jusqu'au 8 septembre, jour de votre départ, tout n'a pas été consommé. Ainsi votre fête à la princesse de Danemark, votre réception du duc d'York, vos bals et vos dîners d'apparat, le service courant de l'ambassade et de votre bourse privée n'ont pas épuisé votre crédit chez M. Coutts Trotter.

A ce premier excédant viennent se joindre les petites sommes que j'ai exprimées de votre *défroque* d'ambassadeur, comme vous disiez ici, et que j'ai déposées au fur et à mesure chez le même banquier.

Ce sont : les malles arrivées si lentement de votre

légation de Berlin ; les services de table ordinaires en terre anglaise, que nous avons achetés ensemble *incognito* chez Wedgwood, et dont il voulait refuser le prix quand il a su que vous étiez l'auteur d'*Atala* ; les batteries de cuisine, d'office, lustres, candélabres, pendules, etc., restés ici après le départ des vingt caisses d'argenterie, linge, cristal et porcelaine, que je vous ai réexpédiées à Paris le 17 janvier.

Vous avez donc, en ce moment, chez notre banquier de Londres, à votre disposition, une somme de cinquante-quatre mille francs environ, ainsi que vous le verrez bien exactement dans l'état de chiffres ci-annexé.

Je compte retirer encore cinq ou six mille francs de ce qui reste à vendre, et dont nous parlerons plus tard. Basez donc sur une somme totale de soixante mille francs.

Votre successeur devra s'arranger du meuble des salons, puisqu'il gardera l'hôtel aux termes du bail de location que j'ai consenti pour sept ans, avec l'autorisation du ministère des affaires étrangères, le 11 mars 1822.

Vous avez encore ici la voiture de *gala* que Bushnell, forgeron, orfèvre, peintre, artiste universel, a confectionnée tout entière en treize jours pour votre audience solennelle ; c'est un modèle d'élégance et de rapidité d'exécution, que les forges antiques de Lemnos eussent envié à ce Vulcain moderne.

Voilà ce que j'entends par ces affaires particulières pour lesquelles je sollicite vainement votre réponse.   M.

LXIII.

M. DE CHATEAUBRIAND A M. DE MARCELLUS.

Paris, 24 mars 1823.

Vous êtes un merveilleux surintendant, ou plutôt un vrai magicien en finances. Quoi! il va me revenir de mon ambassade *soixante mille francs?* plus d'argent que je n'en ai retiré de ma chère *Vallée-aux-Loups,* quand elle fut forcée de venir se mettre à l'enchère sur la place du Châtelet, parmi les meubles des pauvres! Et la somme qui était alors le strict nécessaire d'un ministre d'État châtié, sera aujourd'hui *profit d'ambassadeur!!!* O fortune! ma tente de pèlerin ne sera jamais ton temple! Vous pouvez être sûr que dans peu de mois il ne me restera plus un patard.

Quant à la voiture, je la garde. Je vois encore

d'ici ce brave Bushnell nous accompagnant à *Carlton-House* à cheval, couvant des yeux cette fille de son cœur, veillant sur son trésor dans les cours royales, et le ramenant en triomphe dans *Portland-Place*. J'ai quelque fantaisie d'envoyer ce chef-d'œuvre, dont je suis peu digne, à Méhémet-Ali, afin que, après avoir porté l'ambassadeur de France sur les pavés de Londres, il roule le pacha d'Égypte sur les sables du Nil. Les voitures ont aussi leurs destinées! *Habent sua fata...*   C.

LXIV.

M. DE MARCELLUS A M. DE CHATEAUBRIAND.

Londres, 23 mars 1823.

On prétend ici, je ne sais sur quelles données, que nos préparatifs de guerre sont exigus et embarrassés. Le duc de Wellington a pris soin de nous justifier sur ce point. Il déclare que presque jamais accumulation de troupes nombreuses sur une même ligne ne s'est opérée sans embarras, et que cette manœuvre militaire est toute nouvelle pour la France, Napoléon ayant toujours poussé en avant ses bataillons sans les entasser sur une frontière. C'est ainsi qu'il a expliqué cet arrêt passager à ses collègues comme à moi. Je n'ai rien nié, ni affirmé non plus, si ce n'est que notre entrée en Espagne n'en serait pas retardée d'un jour.

Lord Grey, que je vois fréquemment, et avec lequel je m'entretiens des affaires publiques comme s'il n'était pas un des chefs de l'Opposition, me disait hier : « Je blâme votre action et votre langage, « mais j'entrevois votre but. Vous voulez affermir « des trônes chancelants. Ne le pouviez-vous donc « sans blesser le principe de *non-intervention*, le « *palladium* des peuples? » — Ah! ce principe, ai-je répondu, toujours invoqué par les révolutions à leur début, elles le méconnaissent en grandissant; et si les Congrès, à leur exemple, sont conduits à le violer, l'Angleterre doit avouer qu'elle ne vit et s'accroît elle-même que du principe contraire, l'*intervention*, toujours nié dans ses théories, constamment appliqué dans ses pratiques. Convenez-en aussi : quand notre Opposition, s'appuyant sur la vôtre, demande à grands cris le droit de *non-intervention* pour l'Espagne, ne réclame-t-elle pas plus haut encore l'*intervention* en faveur de la Grèce? Comment ce qui lui paraît équitable à l'Est, le trouve-t-elle inique au Midi? —

Lord Grey s'est mis à rire, et nous en sommes restés là. M.

LXV.

M. DE CHATEAUBRIAND A M. DE MARCELLUS.

Paris, 25 mars 1823.

Je reçois votre dépêche n° **73**, et votre lettre particulière. C'est cela : une dépêche pour mes bureaux ; la lettre et les longs détails pour moi. — Je verrai à vous faire passer quelques fonds pour danser ; car il faut continuer à distraire l'attention du *mob*, et lui montrer, comme vous dites, qu'il ne vous fait pas peur ; mais je suis horriblement gêné, parce que je multiplie les courriers.

Peu m'importe l'usage que M. Canning veut faire de mes lettres, je les écris pour qu'elles soient publiées. Peut-être un jour j'en ferai autant des siennes. Laissons-le donner à notre intervention toutes les raisons *justes* qu'il voudra ; ne le gênez pas sur les interprétations. Il suffit qu'il convienne que nous avons raison, par un motif ou par un autre.

Soignez bien les journaux, et faites qu'on prenne notre parti ; nous avons le beau côté. C.

LXVI.

M. DE MARCELLUS A M. DE CHATEAUBRIAND.

Londres, 26 mars 1823.

M. Canning m'écrivit hier pour me prier de le venir voir à *Glocester-Lodge*, où, à défaut de nouvelles, il avait quelques explications importantes à me donner.

Mes dépêches vous ont déjà dit que mardi M. Canning, sans y être provoqué, avait annoncé la *neutralité* de l'Angleterre, bien qu'il dût s'en tenir au langage qu'il avait formulé ainsi dans notre conversation de ce même jour : — « Presque aucune « espérance de paix, mais point de guerre com- « mencée. » — Il est évident pour moi que le ministre est allé plus loin qu'il ne voulait, en déclarant le système de neutralité, bien décidé sans doute par le ministère britannique, mais que lui, Canning, ne désirait pas proclamer encore.

Le discours de lord Liverpool, dans la chambre des lords, est aussi une sorte de rétractation ; et, en provoquant notre entrevue, M. Canning a cherché avant tout à concilier le sens de ce discours avec ses propres aveux. Il m'a expliqué longuement qu'il y avait

entre ces deux déclarations officielles l'intervalle de
vingt-quatre heures, ce qu'il ne fallait pas perdre de
vue pour en comprendre l'esprit. Ainsi, le 18, il
disait aux Communes, et pensait qu'il n'y avait
presque plus rien à espérer pour le maintien de la
paix; mais, le 19, un courrier arrive et raconte les
troubles de Madrid et des environs. L'espoir renaît;
et dans la soirée, lord Liverpool communique cet
espoir à la chambre haute. Tout le reste du discours
de lord Liverpool est mal rapporté par les journaux. Les deux ministres ont également annoncé le
dépôt des documents politiques; mais ils ont cal-
culé cette démarche de manière à ce qu'aucun vote
ne puisse s'ensuivre. En effet, les budgets de l'armée et de la marine étant déjà consentis, le blâme
que l'Opposition pourrait jeter sur telle ou telle négociation, sur l'une ou l'autre phrase des documents,
ne sera exprimé que par des observations sans résultat. Il n'en eût point été de même si les documents avaient été soumis au parlement dès l'ouverture de la session : car alors une telle communication
eût pu influer non-seulement sur la rédaction de
l'adresse, mais encore sur le vote du budget dans
les diverses branches du service extérieur.

Après ce minutieux préambule, M. Canning a
poursuivi sur un ton plus insinuant : « Dans une
« lettre particulière que j'ai adressée mardi soir à

12.

« sir Ch. Stuart, et qu'il a dû communiquer à M. de
« Chateaubriand, j'ai expliqué le langage que je ve-
« nais de tenir aux Communes, et j'y ai ajouté quel-
« ques réflexions sur la conversation que nous
« avions eue ensemble, vous et moi, dans la même
« matinée. Vous m'aviez dit qu'il fallait considérer
« votre action en Espagne comme un secours à un
« parti qui l'implore. »—Jamais, me suis-je récrié,
dans aucun entretien, officiel ou amical, ce langage
n'est sorti de ma bouche. — Le ministre a insisté.
—Je suis sûr de ma mémoire; ai-je dit, et voici
mes propres paroles : Le danger moral qui résulte
pour nous du voisinage de l'Espagne étant le premier motif de notre intervention, nous ne pouvons
reconnaître à la cour de Naples les mêmes raisons
d'interférence. — « Ah! oui, vous aidez ma mé-
« moire. Ce que je croyais votre assertion, se trouve
« dans la réponse de votre cour au roi de Naples,
« que vous m'avez lue. N'y dites-vous pas que tout
« est convenu avec les chefs royalistes d'Espagne,
« et que vous allez les secourir? C'est ainsi qu'il fal-
« lait présenter la question pour la faire agréer ici. »
J'ouvrais de grands yeux, et cherchais en moi-
même comment la guerre d'Espagne allait tout à
coup devenir populaire en Angleterre, si elle partait
de ce nouveau point de vue, quand je me suis sou-
venu que lord Londonderry établit quelque part la

légitimité d'une intervention appelée par une partie de la nation ; et j'avoue que j'aurais mis moins de chaleur à nous défendre à cet égard, si je n'avais prévu que le ministre voulait en déduire notre inconstance, notre repentir politique, et une sorte d'adhésion à son propre système. — Nos motifs, ai-je repris, ont été solennellement posés, et clairement développés dans le discours de M. de Chateaubriand ; pour ne pas blesser inutilement l'Angleterre, il a évité de traiter directement le *principe Bourbon,* mais il a victorieusement démontré le *danger moral,* et cela nous suffit. —

« Cela ne nous suffit pas à nous, » a interrompu M. Canning ; « car voyez combien de motifs diffé-
« rents vous avez assignés depuis deux mois à votre
« agression. — Dans le discours du roi, c'est un
« Bourbon délivrant un Bourbon, et voulant que
« Ferdinand soit libre de donner des institutions à
« ses peuples. — Dans les commentaires de ce dis-
« cours, vous déclarez que vous ne voulez point
« imposer vous-mêmes des institutions à l'Espagne,
« qui les choisira ou réformera d'accord avec son
« roi. — Plus tard, M. de Chateaubriand appuie le
« droit de la guerre sur un danger moral. — Et en-
« fin, dans sa réponse à la cour de Naples, il an-
« nonce qu'il va seconder les royalistes espagnols
« qui l'implorent.

« Hic tum multiplici populos sermone replebat.

« Vous le voyez; ce sont des points tous distincts.
« Vous revenez à nous, cela est clair; mais que
« croire? et à quelle nuance nous arrêter? » —
Rien n'est plus simple, ai-je répondu : ces nuances
prétendues, ne les séparez point; réunissez-les, con-
fondez-les, et ce ne sera plus qu'une seule et même
couleur. Je le répète, en gros et en détail, nous voulons et nous avons toujours voulu, par tous les
moyens possibles, la fin des troubles civils de
l'Espagne, qui menacent la vie du roi, soulèvent
les provinces, et compromettent notre sécurité. Or,
puisque vous m'autorisez par votre exemple à parler latin :

Hæc mala de nostris pellite limitibus. —

Le ministre fera précéder les documents diplomatiques d'un texte historique, dont la rédaction lui
est confiée par le conseil; car, sans ce secours, m'a-
t-il dit, le parlement ne comprendrait pas la suite
et la connexion des affaires. Parmi ces documents
ne figurera pas la note que je lui ai adressée le 26
novembre dernier, pour mettre à l'Angleterre *le marché à la main*. Or, comme cette note nous fait quelque honneur, je médite de la faire insérer dans

un ou deux journaux anglais le lendemain de la déposition des documents.

Je n'avais fait que lire à M. Canning la lettre du prince Ruffo et votre réponse; vous voyez quel singulier parti sa mémoire en a tiré. « L'exemple « de l'Autriche à Naples vous abuse, » m'a-t-il dit en achevant. « Naples prise, tout était terminé; ici, « emparez-vous de Madrid, ce n'est encore que le « début d'une guerre sans fin. » —

Dí, talem avertite casum !

Ai-je repris en souriant, — et je me suis retiré.

M.

LXVII.

M. DE CHATEAUBRIAND A M. DE MARCELLUS.

Paris, 26 mars 1823.

Je remarque dans vos dépêches, et surtout dans vos lettres particulières, l'humeur croissante de M. Canning. Cela passera, et j'en tiens peu de compte. Le temps de la soumission est fini pour nous. Mon confrère de Londres est obscur dans son langage, cela doit être; il n'a pas encore pris son parti. Soignez-le toujours. Je ne lui écrirai pas, parce que je ne veux pas avoir l'air de le chercher. Dites-lui seulement que j'ai évité, à cause de lui, Canning, dans mon discours à la chambre des pairs, de dire un seul mot de la politique continentale et du Congrès. Cela l'engagera peut-être à se taire.   C.

LXVIII.

M. DE MARCELLUS A M. DE CHATEAUBRIAND.

Londres, 30 mars 1823.

« Je connais d'avance, » me disait hier M. Canning, « toute la tactique de notre Opposition. Elle « va me dire : — Pourquoi n'avez-vous pas menacé « la France de la guerre? — Pourquoi? C'est, d'a- « bord, qu'il ne faut jamais menacer sans effet; « ensuite, parce que la France aime naturellement « la guerre; et que, si cette guerre-ci est impopu- « laire, c'est uniquement parce que c'est une guerre « d'institutions politiques. Ce n'est pas la France « qu'il faut jamais menacer d'une guerre : car c'est « le plus sûr moyen de rompre la paix. — Eh « bien! nous dira-t-on, pourquoi ne pas déclarer « la guerre alors? — Pourquoi? C'est qu'il n'y a

« là, pour nous, ni droit ni nécessité. Le droit,
« nous ne pouvons le revendiquer pour nous-mê-
« mes, quand nous le dénions à la France. La né-
« cessité y est bien moins encore : car, si quelque
« chose garantit l'Europe d'une conflagration gé-
« nérale, c'est la neutralité de l'Angleterre. »

« D'ailleurs, depuis cent ans, » a ajouté le ministre, d'un ton toujours léger et railleur, « jamais
« guerre ne s'est déclarée, sur le continent, que
« l'Angleterre n'ait voulu en prendre sa part, et
« qu'elle n'y ait perdu d'immenses trésors ; témoin
« sa dette nationale. Il est piquant d'essayer si la
« *neutralité* la servira aussi mal. Enfin, cette guerre
« est un malheur pour deux nations : craignons
« qu'elle ne le devienne pour trois.

« L'Opposition nous attaquera encore sur la ques-
« tion de Portugal ; mais elle connaît mal nos trai-
« tés avec la cour de Lisbonne. Notre alliance n'est
« point offensive ; et notre garantie cesse quand
« le Portugal, provoquant lui-même une guerre,
« amène ainsi l'ennemi chez lui. Je donnerai cette
« explication au parlement. »

« Mais voyez, » a continué le ministre, « quel terri-
« ble argument l'Opposition nous prépare à ce sujet!
« Nous admettons, dira-t-elle, cette explication de
« nos traités avec le Portugal ; et, adoptant ces prin-
« cipes, nous les appliquons à une autre garantie.

« Vous avez garanti aussi l'expulsion du trône de
« France de la famille Bonaparte; mais, aujourd'hui,
« en provoquant une guerre et un mécontentement
« intérieur, la France peut ramener chez elle, par
« quelque hasard des révolutions, cette même fa-
« mille. Vous n'êtes plus, dès lors, liés par votre
« garantie; et, comme celle de Portugal, elle cesse
« d'avoir son effet. »—Je suis peu frappé, ai-je interrompu, de la force de ce raisonnement; je n'y
verrais, de la part de l'Opposition, qu'une attaque
inconvenante et sans portée.

M. Canning. « Mais ce n'est pas une simple con-
« jecture de ma part; vous avez vu lord Russell
« dans la chambre des Communes, et lord Holland
« dans l'autre, nous poser ces insidieuses ques-
« tions. »

Moi. Sans doute; mais j'ai aussi entendu vos réponses; et je n'ai pas oublié ces magnifiques tableaux des malheurs du despotisme militaire et des
bienfaits de la paix, que vous dérouliez devant
nous, dans votre discours de Bordeaux, à votre retour de Lisbonne. Je les admirais alors, sans me
douter qu'ils me serviraient un jour d'argument.....

M. Canning. « Ah! vous avez trop de mémoire! »

Moi. Au reste, ce retour de l'Empire, dont vous
avez l'air de nous menacer, serait-il bien avantageux à l'Angleterre? Aurait-il donc pour effet de

sauver l'Espagne de l'influence française? Non, si
l'Angleterre se repent d'avoir contribué à exiler de
France la famille de son plus mortel ennemi, qu'elle
a voulu expulser lui-même de l'Europe, et si elle
regrette de nous avoir conservé les Bourbons sur
son sol ouvert à toutes les infortunes, elle détruit
le bienfait, et nous dégage de la reconnaissance.
Nous oublierons-d'où nos rois sont revenus; et
maintenant que nous les avons repris à l'étranger,
et que nous avons avec eux des institutions, fruit
de leur sagesse, nous les maintiendrons à nous
seuls; et nous défendrons la légitimité contre toute
contagion voisine, contre toute conspiration extérieure, et contre la malveillance de toutes les oppo-
sitions britanniques réunies.

Je m'emportais. — « Je le souhaite comme vous, »
a répliqué en souriant M. Canning; « mais voilà ce
« que votre guerre avec l'Espagne remet aujour-
« d'hui en question. » — .

Eh bien! dans tout ce développement d'humeur
et de mauvais vouloir, M. Canning n'était qu'à
moitié sincère. Son rôle aujourd'hui n'est pas de
nous abandonner aux attaques de l'Opposition. Il
ne peut invalider nos droits dans le parlement
comme il le fait à plaisir dans le cabinet. Il lui est
imposé de les soutenir : c'est dans ses devoirs ministériels, dans sa situation parlementaire, que nous

trouverons la clef de son incertitude, de ces attaques détournées, de cette finesse qui s'épuise en
interprétations nuancées et subtiles. Il se flatte en
vain de présenter en silence des documents diplomatiques à un parlement muet : ces documents
n'amèneront point de résolution active, sans doute ;
mais les ministres seront contraints de prouver à
leur tour, malgré eux et de mauvaise grâce il est
vrai, mais enfin pour la justification de leur neutralité, que la France a le droit d'agir pour protéger
sa sécurité morale et ses intérêts essentiels, quand
elle les croit menacés.   M.

LXIX.

M. DE CHATEAUBRIAND A M. DE MARCELLUS.

Paris, 2 avril 1823.

Les affaires de Madrid rendent la partie bien
meilleure pour nous ; et il est impossible désormais
que l'Angleterre puisse songer à s'allier avec un
gouvernement aussi révolutionnaire que celui d'Espagne. On a fait une véritable violence au roi ; et le
ministre britannique se trouve maintenant dans le

cas prévu par les instructions de lord Londonderry ;
aussi je suppose qu'il ne le suit à Badajoz que pour
sauver la vie de ce monarque, et par un mouvement généreux d'humanité.

Nous allons renvoyer deux Anglaises qui nous
font beaucoup de mal ici, et dont l'une a des liaisons très-compromettantes.

J'ai reçu des nouvelles de toutes les cours : mon
discours nous a ramené toutes les opinions du continent. C.

LXX.

M. DE MARCELLUS A M. DE CHATEAUBRIAND.

Londres, 4 avril 1823.

Si, dans mes entretiens avec les ministres anglais,
que vous lisez dans mes dépêches périodiques, j'a-
vais confondu les documents et les transactions de
Vérone, je vous prie de vous en étonner médiocre-
ment. Je n'ai jamais connu ces transactions autrement que par la lecture rapide que le prince Esterhazy m'a permis de prendre des pièces déposées
ici à son ambassade.

Je réponds à ce que vous me dites pour la presse quotidienne en me recommandant de la soigner.

Il est très-difficile, en Angleterre, d'agir sur les journaux. Ici, les gazettes prépondérantes ne se vendent pas. On en dispose quand, par des communications plus importantes, ou par des nouvelles plus rapides, on accroît leur valeur en leur procurant un plus grand nombre d'abonnés. Toute autre influence est sans effet. Le *Times* est le plus à craindre, parce que, à l'aide de nouvelles qu'il achète fort cher ou publie le premier, et qui multiplient ses lecteurs, il jette au loin et partout la réprobation de notre politique. Le *Morning-Chronicle* est bien moins dangereux; sa violence et son cynisme portent avec eux leur antidote. Le *Sun* et le *Morning-Herald*, étoiles satellites, ne réfléchissent que la lumière du *Times*. Le *New-Times*, le *Courrier*, et même *Cobbett*, sont pour notre cause. Toutes ces feuilles répètent mes nouvelles plus que mes raisonnements; et l'on ne saurait guère exiger davantage de ces spéculateurs politiques, qui, pour le succès de leur commerce, ont besoin de toute la faveur du public.   **M.**

LXXI,

M. DE CHATEAUBRIAND A M. DE MARCELLUS.

Paris, 6 avril 1823.

J'ai vu la pièce que M. Canning doit déposer sur le bureau. Il y a des erreurs dans le récit des transactions de Vérone ; mais la fin est bien, et conclut à la *stricte neutralité*. C'est tout ce qu'il nous faut. J'ai les meilleures nouvelles de Vienne et de Berlin ; l'empereur Alexandre m'écrit une lettre très-bienveillante. Tout va bién ici, et bien en Espagne. Il est probable que le succès rendra, en Angleterre, nos amis *plus chauds*. — On prétend que Mina veut nous faire une visite ; c'est ce que nous désirons : il y restera lui et toute sa bande. — J'ai vu *Crocker* (1) ; il est excellent.　　　　　C.

(1) M. Crocker, le spirituel critique du *Quaterly-Review*, l'habile secrétaire de l'amirauté.

LXXII.

M. DE MARCELLUS A M. DE CHATEAUBRIAND.

Londres, 8 avril 1823.

Autre détail, et trait d'agiotage. Vous n'avez pas
oublié cette prétendue et fausse copie du discours
d'ouverture de la session anglaise, qui vous fut présentée à Paris douze heures avant ma dépêche télégraphique. Des gazettes allemandes, répétées par les
journaux de Londres, m'ont fait honneur de cette
supercherie. M. Rothschild, dont le nom a passé des
coulisses de la bourse dans les plus secrètes transactions de la diplomatie, désavoua hautement ce
jeu criminel, dont la rumeur publique l'accusait
aussi; mais ce même Rothschild, ou *un de ses
frères*, ou bien *quelqu'un des siens*, renouvela à
Vienne la scène de Paris, et reçut, à cette occasion,
de M. de Metternich une verte réprimande. En outre,
pendant qu'un banquier annonçait mal à propos, à
Vienne, la *neutralité* de l'Angleterre, un journal annonçait, tout aussi de travers, à Londres, la *neutralité* de l'Autriche; et un article de l'*Observateur
autrichien* fit croire ici qu'on pourrait détacher l'Autriche de l'alliance continentale. Aussitôt M. Can-

ning fit partir en hâte un courrier pour Vienne ; et, comme les représentants à Londres des quatre puissances s'étaient constamment montrés unis, et de front sur la même ligne, il ne leur donna une connaissance vague de cette démarche que deux jours après l'expédition du courrier.

Dans ses dépêches, le ministre britannique demandait quelques lumières sur la *neutralité* proclamée par l'Autriche, et faisait remarquer minutieusement les nuances des motifs assignés, à diverses époques, par le cabinet des Tuileries à son intervention armée dans les affaires de l'Espagne.

J'ai lu la réponse de la cour de Vienne : elle est calme, raisonnée, et elle exprime une adhésion invariable à l'alliance continentale. Elle rejette les bruits de la prétendue *neutralité* de l'Autriche sur des articles de journaux, nés de divers embarras financiers. Elle déclare que, depuis trente ans, l'Autriche a toujours combattu les révolutions ; que, contrainte par des circonstances plus fortes que sa volonté d'interrompre ce système, elle l'avait constamment repris dès qu'elle l'avait pu ; qu'aujourd'hui son appui moral et matériel est voué à la France, qui agit pour tous, et que le cabinet de Vienne ne s'arrêtait point à des nuances d'expression ou à des définitions de paroles, lorsque le sens était clair et précis.

Voilà tout ce qu'a produit cette échauffourée de bourse. L'aristocratie de la banque feint de redouter la guerre pour ses intérêts financiers à Paris comme à Londres, pendant que, sous ce prétexte, elle agite à son profit le crédit public. — Les banquiers, s'ils sont libéraux dans les chambres, sont toujours royalistes à leur comptoir.   M.

LXXIII.

M. DE CHATEAUBRIAND A M. DE MARCELLUS.

Paris, 12 avril 1823.

Si je calcule bien, le courrier extraordinaire que je vous envoie, avec la grande dépêche du courant, arrivera à Londres vers deux ou trois heures, c'est-à-dire avant la séance des chambres. Vous porterez à l'instant même les *deux pièces ci-jointes* à M. Canning, avant qu'il parle. Il est essentiel qu'il sache où nous en sommes avec le Portugal, afin qu'il puisse répondre à l'Opposition, quand elle posera cette question-ci : — S'il est vrai que notre chargé d'affaires à Lisbonne a demandé ses passeports ? —

J'aimerais à vous écrire plus longuement; mais le temps me manque : ce que je vous dis sans façon et à mon aise à Londres, il faut que je l'arrange et le répète pour Vienne, Pétersbourg, et surtout pour nos agents à Madrid.   C.

LXXIV.

M. DE MARCELLUS A M. DE CHATEAUBRIAND.

Londres, 13 avril 1823.

Votre courrier extraordinaire, arrivé hier, m'a remis votre lettre particulière; mais, de *deux pièces ci-jointes,* point. Vos expéditeurs les avaient oubliées à Paris; vous verrez, dans ma dépêche, que j'ai réparé de mon mieux leur négligence. Mon précis historique est arrivé à temps. M. Canning s'en est servi pour parler dans le sens que nous souhaitions; et nous n'avons pas à craindre ici de complication nouvelle de ce côté. C'est bien assez de tant d'autres.

Mes dépêches officielles vous racontent longuement toute l'affaire des armements en course. Notre note, si noble et si adroite en même temps,

13.

qui déclare que nos vaisseaux ne courront pas sur les marchands espagnols, a tout à fait déconcerté M. Canning. — « Ah! vous voulez être neutres sur « mer, quand vous êtes hostiles sur terre! » — Pourquoi pas? ai-je répondu. Si c'est bizarre, c'est encore plus généreux. Au reste, en demandant sur ce point le concours des puissances maritimes, c'est surtout l'Angleterre que mon gouvernement a en vue, et c'est vous qui allez réellement retirer ou délivrer des lettres de marque contre le commerce espagnol, en refusant ou en promettant de concourir. — « Le fin mot de nos hésitations, » a dit le ministre embarrassé, « c'est que nous craignons *le* « *blocus*, qui peut amener une collision d'intérêts « funeste! » — Comment nous en abstenir? ai-je répliqué, quand vous avez permis l'exportation de munitions de guerre pour l'Espagne? Vous n'imaginez pas, sans doute, que nous regarderons, les bras croisés, débarquer tranquillement dans la Péninsule les fusils et les balles que l'on va diriger contre nos soldats? —

Plus tard, le ministre, toujours gêné par notre déclaration, m'a assuré qu'il ne répondrait point à ma note, et même il m'a prié de la retirer : ce que j'ai refusé péremptoirement. J'ai même ajouté que j'allais lui en adresser une seconde, pour demander une prompte réponse à la première. — « Mon Dieu! »

m'a-t-il dit alors, « nos décisions seront sans doute
« conformes à vos désirs; mais nous serions plus à
« notre aise si votre note n'existait pas. Nous agi-
« rons de nous-mêmes, par un mouvement spontané,
« mais non point à la demande de la France ou
« d'accord avec elle. » — Ainsi vous trouvez quelque déshonneur à vous associer à nous pour un
acte de générosité? — « Non, certes; vous ne m'en-
« tendez pas : ce n'est point un déshonneur; mais
« cet acte doit être combiné avec notre législation
« maritime et nos intérêts politiques. »

Je n'ai pas voulu redoubler les anxiétés bien
évidentes du ministre; mais, comme des négociants
anglais ont recouru à moi pour des lettres de marque, j'ai fait insérer et développer dans les journaux les lignes suivantes, sans leur donner un caractère plus officiel. J'ai cherché ainsi à détourner
l'attention publique des débats parlementaires, si
défavorables à notre cause, sans indisposer le conseil des ministres, qui, jusqu'ici, est le seul confident de ma note et de son commentaire.

« Un fait venu à notre connaissance ne laisse
« plus aucun doute sur la modération de la France
« dans la guerre qu'elle entreprend. Quelques né-
« gociants anglais ayant recouru à l'ambassade fran-
« çaise pour obtenir des lettres de marque contre
« l'Espagne, le vicomte de Marcellus leur a répondu

« que, loin d'autoriser les armements en course con-
« tre les propriétés et le commerce des sujets du roi
« Ferdinand, l'intention formelle de sa cour était
« de s'opposer à de pareilles entreprises, parce
« qu'elle ne veut que la prospérité et la tranquillité
« intérieures de l'Espagne, son ancienne alliée et sa
« plus proche voisine. »

La *neutralité* professée aujourd'hui, tant bien que
mal, par le cabinet, sera soutenue par une majorité
nombreuse dans le parlement; et Georges IV, je le
sais de bonne part, a tenu un langage un peu
hardi peut-être dans la bouche d'un roi d'Angleterre. « Il est temps, » a-t-il dit, « que mon gou-
« vernement sorte de cette incertitude honteuse
« qui me livre aux soupçons de l'Europe, et peut
« faire croire que je balance entre l'ordre et l'a-
« narchie. »

Voilà le résumé un peu long de l'affaire des armements en course. J'écris trop vite pour être
court.   M.

LXXV.

M. DE CHATEAUBRIAND À M. DE MARCELLUS.

Paris, 14 avril 1823.

Je ne puis vous dire qu'un mot. C'est sir Ch. Stuart qui m'a montré imprimée la dépêche dont Canning accompagne les documents. J'y regrette toujours cette phrase : — que nous n'avons pas pu donner de preuves comme quoi on avait essayé de corrompre notre armée ; — tandis que les preuves sont partout : témoin l'affaire de la Bidassoa !

— Je regrette aussi de ne vous avoir pas dit d'avance que cette nouvelle de notre flotte, partie de la Martinique pour attaquer Cuba, est un véritable fagot. Nous ne voulons rien prendre ni rien garder. Nos jeunes soldats viennent de se battre comme des lions sous les murs de Saint-Sébastien. Voilà la cocarde blanche assurée à leurs shakos. Cela est immense !

C.

LXXVI.

M. DE MARCELLUS A M. DE CHATEAUBRIAND.

Londres, 14 avril 1823.

Voilà l'orage venu. Je l'entendais gronder. Ma dépêche vous dit tout. Vous y verrez, en détail, *l'horreur* et *le dégoût* qu'inspirent à M. Canning le discours du roi de France, les sarcasmes dont il cherche à le flétrir; comment, tandis qu'il présage et hâte l'émancipation des colonies espagnoles, coup si terrible pour le cabinet de Madrid, *il espère vivement que l'Espagne sortira triomphante de la lutte où elle est engagée :* le tout assaisonné de la *neutralité franche* et *réelle* de l'Angleterre; enfin, comment, effrayé d'aveux si naïfs, ou accablé sous le poids des applaudissements de l'Opposition, il a brusquement terminé sa harangue. Oui, M. Canning a fait des vœux pour l'Espagne et contre nous, au milieu des plus vives acclamations de l'Opposition, qui se répercutent aujourd'hui dans la rue, et pendant le silence embarrassé de ses amis. C'est bien sa véritable pensée; son secret lui est enfin échappé. L'amour de la popularité l'emporte. Adieu le passé monarchique et le culte de Pitt!

Je le redis néanmoins au plus fort de la tempête :
il n'y a ici, pour notre affaire d'Espagne, rien à
espérer; mais il n'y a non plus rien à craindre.

M.

LXXVII.

M. DE CHATEAUBRIAND A M. DE MARCELLUS.

Paris, 17 avril 1823.

J'ai reçu ce matin les pièces anglaises déposées officiellement. C'est un fatras bien peu digne d'un gouvernement qui se respecte; et les commérages de sir
Ch. Stuart, et ces petits morceaux de conversation,
sont de singuliers documents diplomatiques. Je
m'applaudis de la seule pièce qui soit de moi; et,
au milieu de ces insipidités, elle est au moins grave
et logique. — Je ne connais encore que par extrait
les discours de lord Liverpool et de M. Canning. Je
l'avais prévu : c'est la neutralité avec force injures
pour le roi, pour la France, pour le gouvernement,
et pour moi brochant sur le tout. L'Angleterre
sent que cette guerre nous rend notre influence sur
l'Espagne, et nous replace à notre rang en Europe :
elle doit être irritée et malveillante. L'amour-propre

de M. Canning est compromis : de là sa violence et
son humeur. Je n'ai pas dissimulé à sir Ch. Stuart
que des vœux contre la France, en pleine paix, exprimés par un ministre anglais, en gardant la neutralité, étaient chose toute nouvelle dans l'histoire
des nations. Je vous recommande de le dire vous-
même et de ma part à M. Canning, et de vous
montrer désormais froid et réservé avec lui. Vous
mettrez à cela la mesure convenable ; mais il est bon
qu'il s'aperçoive que nous sommes sensibles à une
inimitié que nous n'avons pas méritée. Soyez poli,
mais causez peu ; et qu'il s'aperçoive, à votre manière, que le gouvernement français connaît sa
force et défend sa dignité. — Je vous ferai donner
des détails exacts et réguliers sur la marche de nos
troupes, afin que vous puissiez répondre à tous les
mensonges dont vous allez être étourdi. — J'espère
que mon ami Cobbett me *protégera* contre Brough-
ham, et même contre Canning. — Donnez des fêtes,
et faites danser miss Canning. Cela prouvera que
nous n'avons pas peur de son père.   C.

LXXVIII.

M. DE MARCELLUS A M. DE CHATEAUBRIAND.

Londres, 20 avril 1823.

J'ai donné bal et concert dans le mois de mars; huit cents personnes de la haute et de la moyenne société se sont présentées alors à l'hôtel de l'ambassade, et en sont sorties avec des dispositions bienveillantes. J'ai dansé et danserai encore avec miss Canning, tant que cela vous fera plaisir : certes, la chose en soi n'a rien de désagréable; mais je garde rancune à son père.

Depuis cette trop dramatique séance, j'ai rencontré M. Canning chez le duc de Devonshire, à Chiswick. — « *Vous l'avez voulu, vous l'avez voulu, Georges Dandin!* » m'a-t-il dit, en supprimant cette fois ses sarcasmes anglais, pour emprunter une raillerie à Molière.—Ah! ne triomphez pas si vite, ai-je répondu; ces mêmes vœux contre celui que vous appeliez alors le tyran du monde, et que vous faisiez applaudir, en 1810, à un parlement unanime, vous venez de les répéter, avec moins d'écho, contre les ·pacificateurs de l'Espagne. Vous vous êtes trompé d'époque... — Et la foule nous a séparés.

Vous remarquerez, en passant, que l'ironie est toujours la figure de langage favorite de M. Canning, et qu'il la manie avec une malice sans égale. L'ironie l'a fidèlement suivi dans son bagage de rhéteur, à travers la transformation de son éloquence. Elle se mêle à ses grandes images et à son style élevé d'aujourd'hui, comme elle animait son abondance et son érudition d'autrefois; il s'en sert au parlement, dans les salons et dans son intimité avec une aisance toute particulière, et sans jamais s'arrêter devant les blessures ou le danger qui en résultent. J'étais, comme vous l'avez vu, depuis quelques semaines en défiance vis-à-vis de lui. Je me tiens en pleine réserve maintenant. Il me cherche pourtant, et me cajole. Dernièrement, dans le grand dîner d'usage qu'il donnait pour le jour de naissance du roi, vers le dessert, il m'a provoqué, d'un bout de la table à l'autre, à boire un verre de vin avec lui; et, comme je m'inclinais en signe d'assentiment : — « Que voulez-vous boire? Du vin d'Espagne, sans « doute? » — Oh! non; nous allons en avoir à revendre. Plutôt du vin de Portugal, qui doit être si bon chez vous. — « Tombons d'accord pour le « *claret*, » a repris le ministre. « Il est doublement « votre compatriote; puissiez-vous nous le livrer « toujours en bons voisins, et ne pas nous en se- « vrer, comme sous l'Empire! »

Vous le voyez, je réserve pour une lettre particulière, et pour vous seul, comme vous l'avez souhaité, les communications intimes, les petits détails, les conversations en guillemets, enfin tout ce style négligé et décousu qu'excuse peut-être le peu de de temps qui me reste pour l'écrire, après mes autres travaux. A part ce dernier point, sur lequel, je le crains, ne peuvent rien vos ordres et vos exemples, quand il vous plaira qu'il en soit autrement, vous me le direz.

M. de Bourqueney, que je fais porteur de cette lettre et de mes dépêches de ce jour, bien plus importantes, y ajoutera quelques développements verbaux dont je l'ai chargé. Sa collaboration m'est précieuse, et je vous prie de me le renvoyer le plus tôt possible.   M.

LXXIX.

M. DE CHATEAUBRIAND A M. DE MARCELLUS.

Paris, 21 avril 1823.

Enfin, me voilà vengé même en Angleterre. Cette abominable querelle de Brougham et de Canning perdra peut-être ce dernier, ou du moins lui apprendra combien il a eu tort de quitter ses anciens

amis et ses anciens principes pour se jeter dans les
bras et dans les doctrines des jacobins. — Je comprends que, sous le feu de la tribune, rencontrant
ensuite dans les salons les auteurs de toutes ces injures, et gêné ainsi dans tous vos rapports de politique et de société, vous ayez fini par beaucoup
souffrir. Je suis bien plus à mon aise à Paris, et
c'est tout simple. Aussi, que m'importe une nouvelle scène à la chambre des lords? On ne peut produire aucun document écrit par moi qui ne porte le
cachet de la modération et de la loyauté : c'est là
l'essentiel. — Vous demandez des directions dans
vos dépêches; mais il n'y en a point à vous donner : vous allez très-bien. Vous avez fait merveilleusement de ne pas retirer la note des armements
en course; et si M. Canning ne répond pas, comme
vous lui en avez annoncé une seconde dans le
même sens, dites que vous avez, pour cela, des
ordres précis de votre cour; et ces ordres, ma
présente lettre vous les donne officiellement. —
Tout ce que vous voyez autour de vous n'est que
de la rage impuissante. Si le gouvernement anglais
finit par se dégrader tout à fait dans le jugement
de l'Europe, il devra ce malheur à l'impétuosité de
M. Canning. La France est grave, patiente, réservée : elle poursuit la guerre avec autant de force
que de sagesse; elle vient de resserrer ses liens

avec l'Europe, et désormais elle est à l'abri même d'un revers.

Hier, si je m'étais trouvé à la chambre des députés lorsque M. de Hyde de Neuville a parlé, j'aurais répondu : j'aurais blâmé son attaque contre l'Angleterre, et j'aurais dit des choses polies, même à M. Brougham ; mais cela se retrouvera.

Si on vous parlait d'une proclamation de la *Junte*, dites que nous ne reconnaissons que nos propres paroles, et que toute notre politique est dans la proclamation du généralissime ; qu'au reste, cette proclamation de la *Junte* a été donnée de toutes les façons, et que nous ignorons laquelle est l'originale ; qu'après tout, ce ne sera pas la *Junte,* mais nous-mêmes qui ferons la guerre ou la paix.

Je vous recommande une chose fortement : n'allez chez M. Canning que pour des visites courtes et froides, et ne lui parlez plus de l'Espagne sans y être provoqué. Un homme qui a fait des vœux publics contre la France, doit n'avoir plus que les rapports les plus indispensables avec le représentant de la France. Nous sommes assez forts pour qu'il n'y ait aucun danger à ce qu'on remarque votre réserve. Bien entendu que tout cela doit être fait sans affectation, et dans la mesure qu'il faut mettre à tout. Sir Ch. Stuart est devenu ici très-caressant. On dirait qu'il a eu ordre de se rap-

procher de moi, et de me faire des espèces d'excuses.
Je n'ai pas fait entendre une plainte. Je sais qu'il
fait de grands éloges de ma modération et de mon
temper.

Vous vouliez des directions : il me semble qu'en
voilà. J'ai passé une partie de ma nuit à écrire pour
le *Moniteur* et pour vous.

P. S. Quelle scène que ce duel d'injures, dans
la chambre des Communes, entre M. Canning et
M. Brougham ! Le roi m'a demandé si ce M. Banks,
qui y joue un petit rôle tout malicieux, est le fils
de sir Joseph Banks, le grand navigateur, qu'il a
connu à Londres.   C.

LXXX.

M. DE MARCELLUS A M. DE CHATEAUBRIAND.

Londres, 25 avril 1823.

M. Banks n'est pas le fils du grand naturaliste,
compagnon de Cook, que le roi a connu à Londres;
il en est le proche parent, ou peut-être même le
neveu. Il se distingue de l'oncle en ce qu'il n'a jamais consenti à publier une seule page de ses longs

voyages, ni à graver le moindre croquis de ses nombreux dessins. Et c'est à remarquer dans un temps où il n'y a si mince *touriste* anglais qui, s'il est allé du côté de Corfou ou de Malte, ne s'imagine devoir jeter à la tête du public un ou deux *in-octavo*, suivis d'un gros atlas sur l'Orient. M. Banks, d'un autre côté, n'est guère moins célèbre que son oncle ; mais c'est à ses saillies bouffonnes, à ses hardiesses excentriques, et à sa manière de les raconter, qu'il doit la réputation dont il jouit en ce moment dans la bonne compagnie.

D'abord, après avoir escaladé les pics du Liban, et forcé la porte de la citadelle que lady Esther Stanhope ferme si hermétiquement au nez de ses compatriotes, il se brouilla avec elle pour quelques spirituelles impertinences dont elle s'est plainte à moi-même. Ensuite, s'attaquant toujours aux difficultés, il pénétra dans le temple de Salomon à Jérusalem, interdit aux chrétiens sous peine de mort, ainsi que vous l'expliquez dans l'*Itinéraire*. Voici comme il procéda :

Caché sous une robe turque et sous un turban jaune, il débarque en Palestine. (Il prétend qu'il n'osa pas risquer le turban vert, signe distinctif des émirs, qui eût doublé ses périls en l'approchant de trop près de la descendance de Mahomet.) Ainsi affublé, il enfourche à Jaffa un coursier du désert, qui

14

le rend en dix heures à la petite entrée du temple,
à côté des ruines du prétoire de Pilate. Là, mettant
pied à terre, il traverse lentement les grandes cours,
se promène sous les portiques, médite dans les parvis, entre sous le dôme, s'y agenouille, ou plutôt s'y
prosterne à la façon musulmane, murmure une
prière du bout des lèvres : puis, deux heures après,
il reprend son cheval, qu'il avait attaché à la grille
de la grotte de la Flagellation, dans la *Voie Dou-
loureuse ;* et celui-ci le ramène tout aussi vite à sa
barque dans le port de Jaffa. Enfin, il était à trois
lieues en mer, quand le mollah du temple apprit le
stratagème. J'aurais pu douter du fait, bien que
M. Banks me l'ait raconté une fois à Constantinople
et une seconde fois à Londres, si le gouverneur de
Jérusalem ne me l'eût confirmé lui-même, en ajou-
tant qu'il avait aussitôt expédié sur tous les points
de la route pour saisir le profanateur, et pour en
faire justice.

Enhardi par de tels succès, M. Banks a tenté ici
une troisième aventure. J'ai le temps de vous la
raconter ; je ne sais si vous aurez le temps de la lire.

Vous souvient-il de *Vateck,* petit roman anglais,
plein de grâce, qu'on croirait une légende orientale? L'auteur, M. Beckford, père de la duchesse
de Hamilton, après avoir longtemps habité les Grandes-Indes, possède à quelques milles de Salisbury

la magnifique seigneurie de *Fonthill-Abbey*. Figurez-vous un paradis terrestre en dedans d'un mur
élevé qui a plus de sept milles de circuit. Près de
la vieille abbaye, qui tombe en ruines, sont de grands
bois abandonnés. Puis vient la nouvelle abbaye, immense édifice, que le propriétaire, autre original, a eu,
dit-on, la fantaisie de faire bâtir, en très-grande
partie, à la lueur des torches, afin que, se plaçant
à distance pendant la nuit, il pût donner à ses yeux
la distraction de ces mille lumières vagabondes.

Dans ce parc, ni pagodes, ni chaumières, ni kios-
ques ; points de grottes, ponts ou cascades, point d'allées même : partout le plus vert gazon qui vient mourir aux pieds des murs. Les plus superbes arbres
indigènes ou exotiques; le plus beau lac livré exclusivement aux cygnes et aux canards sauvages; des
collines et des vallées ménagées si artistement qu'elles semblent naturelles. Au centre de cette pompeuse
solitude est le *couvent*, demeure du maître, plus
pompeuse encore, surmontée par une tour gothique,
haute de deux cent soixante-dix pieds. Là s'entassent,
dans une vaste symétrie, de hauts vestibules; de som-
bres galeries et de longues salles; des *nunneries* cel-
lules de religieuses, des tribunes pour l'orgue ou
pour les chanteurs, des croisées ogivales à vitraux
tout neufs; la grande bibliothèque d'apparat, res-
plendissante de maroquin et de dorures; puis la

petite bibliothèque usuelle de l'auteur de *Vateck;*
partout des tableaux sans nombre, et autant de cu-
riosités des arts ou de l'histoire...—A côté d'un vase
d'agate et de pierreries de Cellini, la première porcelaine chinoise arrivée en Europe, portant les armes de
la reine Jeanne de Naples; un plateau en cuivre donné
à Diane de Poitiers par Henri II, représentant Ac-
téon et les nymphes; la cassette en laque et or du
cardinal Mazarin; que sais-je?... Enfin, une suite
de somptueux appartements; et dans le salon de
Lancastre, la couche d'honneur de la duchesse de
Hamilton, en bois d'ébène, recouverte d'une courte-
pointe en dentelle de Bruxelles. Ceci, dans sa magnificence, a bien plus l'air d'un lugubre mausolée
que d'un bon lit.

Cet ensemble prodigieux, longtemps éloigné de
tous les regards, se vend, par un autre caprice du
possesseur, en gros ou en détail, et s'étale aujour-
d'hui à tous les yeux. J'ai vu moi-même toutes ces
merveilles avec une stupéfaction véritable, et j'en
ai encore l'esprit saisi.

C'est donc là que M. Beckford vivait seul et bar-
ricadé, lorsque M. Banks, importuné du bruit de
tant de beautés encloses sous les grilles de l'inaccessible pacha, résolut à tout prix de mordre à ce fruit
défendu. Les prières et l'or ayant échoué devant
les consignes rigoureuses des concierges, notre aven-

turier oriental, vêtu en *gentleman* cette fois, se mit
à faire le tour des murailles, et, après de longues
recherches, par une belle matinée, il en découvrit
le défaut. Une brèche s'y trouvait, par laquelle le
rusé investigateur s'introduisit. Une fois dans le
parc, il se dirigea de son mieux à travers les prairies et les bosquets, prenant pour phare les flèches
de la tour située sur l'une des plus hautes éminen-
ces de ce pays très-plat, mais que les sinuosités ar-
tificielles du sol lui dérobaient de temps en temps.
Il échappa à ce labyrinthe de verdure que, par une
autre bizarrerie du propriétaire, ne coupe et ne
traverse ni avenue ni sentier; et il arriva, non sans
peine, à l'ombre de la nouvelle abbaye.

Aperçu aussitôt et entouré, M. Banks fut gardé
à vue par les domestiques; mais il se nomma et les
pria de demander pour lui à leur maître la permission de le saluer. M. Beckford répondit aussitôt que,
très-fâché (*very sorry*) d'être retenu par quelques
affaires, il ne pourrait qu'un peu plus tard partager
avec M. Banks un léger rafraîchissement (*some re-
freshments*) (je me sers, vous le voyez, des termes
anglais du narrateur;) mais que, en attendant, il le
priait de visiter à son aise les appartements et le
parc, qui allaient lui être montrés sans réserve.

Le soir venu, M. Beckford fit lui-même au visi-
teur les honneurs d'un repas splendide, et se livra à

une conversation aussi bienveillante que brillante
et enjouée. Enfin, comme dans l'épanchement qui
suit les libations prodiguées au dessert, M. Banks,
tout attendri de l'accueil, se laissait aller à dire que
le monde était bien injuste, que nul n'était plus ai-
mable et plus hospitalier que le seigneur de Fonthill-
Abbey. — « Attendez, ne jugez pas si vite, » dit
son hôte en disparaissant. — Resté seul avec les
bouteilles, M. Banks prend d'abord patience ; puis
il se lève et se rassied, se promène et s'arrête autour de la table, écoute et n'entend rien. Enfin,
après une longue attente, il sonne. Un domestique
paraît. — Que souhaitez-vous, *sir?* — M. Beckford.
— Il est couché, *sir.* — Qu'il veuille bien m'indiquer
comment je dois faire pour me retirer. — Mon maître m'a chargé de vous dire de faire pour sortir
comme vous avez fait pour entrer, *sir.* — Puis, avec
deux flambeaux en croix, le serviteur conduisit
M. Banks vers la grande porte en chêne sculpté, de
trente pieds de haut, pesant deux mille livres, et
roulant par une manivelle, qu'il ouvrit d'une main
pour l'exclure, et referma de l'autre, en ayant soin
de la verrouiller du haut en bas.

— Eh bien ! que fîtes-vous alors ? demandais-je
avant-hier à M. Banks, dont vous avez reconnu le
récit. — « J'enrageais, » m'a-t-il répondu, « et j'er-
« rai pendant bien des heures à travers l'immensité

« du parc, dans le silence universel et la nuit noire.
« Tantôt essayant de retrouver l'abbaye, dont toutes
« les lumières étaient éteintes et les cerbères sourds;
« tantôt me glissant d'arbre en arbre, déchirant
« mes pieds et mes mains aux buissons épineux et
« aux ronces, m'arrêtant instinctivement aux bords
« des pièces d'eau, et devenu presque aussi ti-
« mide que les lièvres partant au bruit de mes pas.
« Finalement, vers l'aurore, je retrouvai mon
« heureuse brèche, tant cherchée le jour, plus dési-
« rée encore la nuit; et je la franchis, en me disant
« à moi-même, qu'il valait mieux affronter le dé-
« plaisir de la pythonisse du Liban, ou même la co-
« lère du mollah de Jérusalem, que les politesses de
« mon compatriote Beckford. »

Tout cela m'était conté d'un ton piquant que je
ne puis reproduire, avec des clignements d'yeux,
des sourires ironiques, et même certaines grimaces,
lesquelles, jointes à ses interruptions adroites et malignes dans le parlement, ont fondé dans les salons
de cet hiver la vogue incontestable de M. Banks.

M.

LXXXI.

M. DE CHATEAUBRIAND A M. DE MARCELLUS.

Paris, 26 avril 1823.

Voilà la neutralité de l'Angleterre hors de doute;
je m'y attendais. — Ne vous fiez pas aux cajoleries
de M. Canning. Il remue là-bas, et il essaye de remuer ici en dessous et de côté. Quant à moi, je ne
récriminerai jamais avec les Anglais. Je ne vais leur
répondre jeudi que par des politesses; mais leurs
lâches insultes m'ont donné la mesure de la capacité
et de l'honneur de ces hommes, et j'ai fini avec
eux.   C.

LXXXII.

M. DE MARCELLUS A M. DE CHATEAUBRIAND.

Londres, 29 avril 1823.

Je le vois bien ici, l'humeur et la colère sont de
mauvais conseillers. Il est temps de mettre fin aux
récriminations. Elles ne doivent rien modifier de

notre système à Paris, et elles ne renverseraient pas M. Canning à Londres. Ces altercations de tribune ou de cabinet ne dominent point sans doute les nobles caractères de deux hommes supérieurs; mais elles peuvent laisser quelques nuages dans les esprits les plus élevés et les plus fermes.

Vous verrez, dans ma dépêche n° 88, tout ce qui touche à la déposition des documents diplomatiques.

Après quelques questions sur notre marche en Espagne, auxquelles j'ai répondu en traçant sur la carte nos progrès, M. Canning m'a lu le brouillon de la note responsive qu'il prépare sur les armements en course : la voici en gros :

—L'armement en course est toujours défendu en Angleterre, ainsi que l'enrôlement pour l'étranger ; mais après de longues excursions sur le terrain de l'histoire maritime aux États-Unis, en France même, le gouvernement britannique se déclare impuissant à proscrire la vente des prises. —

Vous lirez mes objections et mes répliques dans ma dépêche : en voici de plus vives que je n'ai pas épargnées au ministre.

—Quoi! vous défendez l'enrôlement pour l'étranger, et sir Robert Wilson annonce dans tous les journaux son départ pour l'Espagne, enrôle vingt officiers anglais, s'embarque à Falmouth sans obs-

tacle; vous n'empêchez rien, et vous n'aurez le droit
de les punir qu'à leur retour? Il est vrai, ai-je
ajouté, que, s'ils font face à notre armée, ils ont
quelque chance de ne pas revenir du tout.

Vous dites aussi que les puissances neutres ont
toujours ouvert leurs ports aux prises; mais jamais
puissance belligérante leur a-t-elle fermé les siens?
Et c'est cependant ce noble exemple que la France
vous donne!—Le reste dans ma dépêche.   M.

LXXXIII.

M. DE CHATEAUBRIAND A M. DE MARCELLUS.

Paris, 30 avril 1823.

Il y a bien longtemps que je n'avais ri de si bon
cœur. Votre M. Banks a fort amusé le roi, qui aime
beaucoup les histoires, et déploie aussi un vrai talent mimique en les racontant. Je l'ai régalé de votre
lettre, à notre dernier conseil, au grand déplaisir de
mes collègues; mais c'était pour l'empêcher de dormir. Il s'en tenait les côtés. Il n'a point oublié, m'a-
t-il dit, le récit de votre visite à lady Stanhope, que
le duc de Richelieu et M. Pasquier lui ont fait lire.

Ne changez rien au mode ni au style de votre correspondance, et ne rougissez pas du négligé, ou du décousu, comme vous dites. La familiarité du récit vient en aide à sa clarté. Le *trivial* même sert dans les affaires, et vaut toujours mieux que le *guindé*.   C.

LXXXIV.

M. DE CHÁTEAUBRIAND A M. DE MARCELLUS.

Paris, 1er mai 1823.

Voici mon discours à la chambre des pairs. Je serais curieux de savoir comment les Anglais auront pris cette réponse à leurs outrages; il est possible qu'ils n'en sentent pas la noblesse, mais Georges IV doit être content.

Sir Ch. Stuart m'a prié de vous expédier aussitôt notre dernière dépêche télégraphique. Je doute qu'elle vous soit arrivée à temps pour que M. Canning ait pu en faire usage dans ses explications au parlement.   C.

LXXXV.

M. DE MARCELLUS A M. DE CHATEAUBRIAND.

Londres, 3 mai 1828.

Votre discours est d'un merveilleux effet. Le *Morning-Chronicle* lui-même en fait l'éloge ; le duc de Wellington en est ravi. « C'est ainsi, » dit-il, « qu'il « fallait répondre ; c'est là le discours que j'aurais « voulu dicter, si j'en avais eu le talent. » — Puis, se tournant vers lord Harrowby avec une franchise toute militaire : « Voilà comme parle un vrai gentil-« homme ! noblesse, loyauté, absence de ressenti-« ment, bon sens, tout est là ; depuis deux mois « nous n'avons rien dit ni rien entendu de ce genre. »

Le duc de Wellington a conservé dans nos épreu-ves tout l'honneur de son caractère. Traduit devant l'opinion, calomnié à Westminster, accusé d'impéri-tie, de faiblesse d'esprit, abandonné par celui de ses collègues qui était son défenseur naturel, M. Can-ning, il a bravé les injures, les sarcasmes ; et jamais une parole équivoque n'est sortie de sa bouche contre les alliés, la France, son roi ou ses ministres. Bien plus, quand des vœux imprévus et hostiles retentissaient au parlement, le duc de Wellington me cherchait avec amitié, me rassurait en secret sur l'issue de ces tristes débats, et présageait nos succès en Espagne. « Ce ne sont point des troupes « qu'il faut pour cela, » me disait-il hier, « mais « de l'argent. Vous aurez toute l'Espagne, dès que « vous la payerez. J'ai distribué moi-même, chaque « année, cinquante millions de subsides à ce noyau « d'armée espagnole que j'avais formé, et cepen-« dant je ne soldais que les troupes enrégimentées « autour de mes camps. »   M.

LXXXVI.

M. DE CHATEAUBRIAND A M. DE MARCELLUS.

Paris, 4 mai 1823.

Ma dépêche vous dit l'essentiel : tout continue à bien aller. Nous sortirons de là avec honneur. M. Canning a été mal pour nous; il est mieux aujourd'hui; il sera bien demain et mal après-demain : c'est là sa nature. *Le Courier*, qui était *pour*, est devenu *contre*. Dieu sait ce qu'il a. En tout, l'Angleterre a perdu dans cette session parlementaire, et nous avons beaucoup gagné. Notre alliance avec le continent se resserre de plus en plus. Voilà ce qu'a produit la fausse politique du cabinet britannique. Ce cabinet a bien peur de la réunion du corps diplomatique de l'Europe à Madrid, et il fait tout ce qu'il peut pour l'entraver.

Dites au duc de Wellington, lui qui connaît les camps, que nos troupes sont animées du meilleur esprit, et que, malgré notre Opposition, qui affiche le patriotisme en déconsidérant nos armées, elles resteront fidèles. D'ailleurs, les voilà en Espagne. Et si quelques officiers à la demi-solde, dans les loisirs d'une garnison, crient parfois : *Vive la Ligue!* le soldat français criera toujours, sur le champ de bataille : *Vive le roi!*   C.

LXXXVII.

M. DE MARCELLUS A M. DE CHATEAUBRIAND.

Londres, 5 mai 1823.

Depuis les souhaits hostiles de M. Canning, je ne le cherchais pas, et mon silence semblait attendre ou provoquer de sa part une sorte de palinodie. C'est lui qui me cherche maintenant, et qui me revient. Je disais hier, devant lui, au prince Esterhazy, sans affectation, que le télégraphe de Calais m'apportait régulièrement les plus promptes nouvelles de France et d'Espagne. Un moment après, le ministre m'a pris à l'écart : — « Seriez-vous assez bon « pour me transmettre ces bulletins télégraphiques « dont vous parliez tout à l'heure ? »—Moi. Je l'aurais déjà fait ; mais comme ils annoncent nos succès, j'ai pensé qu'ils vous seraient désagréables, à vous qui souhaitez nos revers. — M. CANNING. « Oh ! « vous attachez trop de sens à un mot. » — Moi. C'est ici mon tour de vous répéter ce que vous me disiez, il y a un mois, de mes explications : des confidences commentent toujours mal des déclarations publiques. — M. CANNING. « Allons ! allons ! pas de « rancune, et envoyez-moi vos bulletins. » — Moi. Dès ce soir même, à la condition qu'ils passeront sous les yeux du roi, qui prend, vous le savez, un grand intérêt à nos opérations militaires.

Au reste, je n'ai pas attendu pour ce fait la bonne volonté du ministre ; et j'ai pris des moyens pour transmettre promptement et directement à Georges IV toutes les dépêches que le télégraphe de Calais m'apporte.   M.

LXXXVIII.

M. DE CHATEAUBRIAND A M. DE MARCELLUS.

Paris, 4 mai 1823.

Que me veut donc M. Canning avec ses chicanes presque grammaticales? La dépêche au comte de la Garde, dont il argumente, n'est pas exacte. Au lieu de ces mots : *Lord Fitz-Roy Somerset et sir W. A'Court n'ont pas été plus heureux,* la minute porte *ne seront pas plus heureux.* Cette lettre était chiffrée; y a-t-il eu erreur dans le déchiffrement? a-t-on mis le passé pour le futur? ou bien l'erreur vient-elle des copies infidèles répandues? C'est ce qu'on ne peut savoir aujourd'hui; mais il reste prouvé que ce document, tel qu'il a été présenté au parlement britannique, n'est point authentique, et n'a aucun caractère officiel. Une lettre confidentielle, transmise à un ambassadeur de France à Madrid, une lettre tronquée, dont on n'a point l'original, une lettre dont la copie altérée n'a pas même été livrée par le gouvernement espagnol, ne peut être reconnue, ni par le ministre qui a écrit, ni par le gouvernement français qui a dicté. — En vérité, cela est trop petit, et je ne répondrai pas autrement ni ailleurs à ce point traité dans une de vos dernières dépêches officielles.

Mandez-moi, je vous prie, quand s'assemble la société pour secourir les hommes de lettres; je veux lui écrire. J'avais parlé de 20 livres sterling; doublez la somme, en donnant ma lettre.

Nous serons le 25 à Madrid. Mina fuit comme le reste; on ne peut parvenir à joindre cette espèce de lièvre et de renard, qui met toute la meute en défaut.   C.

LXXXIX.

M. DE MARCELLUS A M. DE CHATEAUBRIAND.

Londres, 6 mai 1823.

Voici un incident plus bizarre et plus significatif que tous les commentaires officiels et documents diplomatiques déposés sur le bureau des deux chambres. — Je savais, depuis quelques jours, qu'on faisait circuler différentes versions plus ou moins mensongères de ma conversation avec Georges IV, dans l'audience publique du 24 avril. Le *Times* les a reproduites en leur donnant un caractère violemment outrageux, dans un article dont je joins ici la traduction.

15

— « Nous nous mêlons bien rarement des opi-
« nions politiques de la cour. Les sentiments poli-
« tiques des nations sont en général, à nos yeux,
« d'une importance suffisante pour occuper notre
« attention et attirer celle de nos lecteurs. Mais il
« court en ce moment une histoire si curieuse, que
« nous nous croyons obligés de la reproduire, en
« y joignant une ou deux remarques de notre pro-
« pre fonds. On dit donc que M. de Marcellus n'a
« pas seulement été accueilli, au *lever* de lundi der-
« nier, avec une déférence particulière, mais encore
« que les vœux les plus sincères lui ont été expri-
« més en faveur de l'entreprise *Bourbon* contre l'Es-
« pagne. — « Dites à votre maître que je désire ses
« succès de tout mon cœur, qu'il a mes meilleurs
« souhaits ; » — ou quelque chose approchant. Nous
« ne croyons point à cette histoire. Mais, si elle
« était vraie, nous dirions que l'esprit de celui qui
« parle ainsi est dans un état à donner bien plus
« de chagrin et d'inquiétude au peuple anglais que
« la goutte ou toute autre souffrance physique,
« même violente, de ce même personnage. Car il
« faut remarquer que le vœu exprimé ici est opposé
« directement, non-seulement au vœu des ministres
« que le roi garde à son service, apparemment
« parce qu'il partage leurs opinions, mais encore au
« vœu de tout autre habitant du royaume, doué d'un

« jugement sain. Comment donc expliquer une ex-
« centricité de cette sorte? Et, en outre, à quoi ser-
« viraient, en pareil cas, les souhaits stériles d'un
« roi d'Angleterre lui-même? Sans doute, un homme
« dans ce rang élevé, s'il avait joui de toutes les
« facultés de son esprit, aurait caché des vœux aussi
« inutiles ; ou, s'ils s'étaient échappés de ses lèvres,
« il les aurait du moins confiés à *quelque cœur dis-*
« *cret,* et ne les eût jamais proclamés là où ami et
« ennemi les pouvaient entendre. Que nul donc ne
« se vante de la perfection de son intelligence, et
« ne triomphe de la supériorité de son génie : car
« il ignore combien rapidement ces avantages peu-
« vent lui être enlevés, etc., etc. » —

Aussitôt, cédant à un premier mouvement dont
je ne me suis pas senti le maître, j'ai écrit d'un trait
à M. Canning la lettre suivante :

Portland-Place, 3 mai 182?.

Monsieur,

Vous avez quelquefois écouté mes plaintes, et j'ai
souvent reçu les vôtres contre les témérités des
journaux. Mais, aujourd'hui, je ne saurais trop tôt
vous exprimer le dégoût que je ressens en lisant
l'article du *Times.* Je proteste entre vos mains contre les paroles qu'on ose mettre ainsi dans une
bouche auguste ; et, comme si j'avais besoin de
vous prouver à vous-même leur inexactitude, je

joins à ma lettre un extrait de la dépêche dans laquelle je rends compte à ma cour de l'audience publique dont il s'agit.

Je ne puis mieux déposer mon ressentiment que dans votre sein, Monsieur, puisque, par une suite des bontés auxquelles vous m'avez accoutumé, vous étant placé près de moi quand le roi me parlait, vous avez comme moi entendu notre entretien.

Je suis, vous le savez, Monsieur, d'un sang royaliste; et vous me pardonnerez s'il s'est ému quand j'ai vu s'élever d'un écrit public des soupçons qui pouvaient mêler mon nom à une insulte envers Sa Majesté Britannique.

Vous avez bien voulu, en quelques circonstances, placer sous les yeux du roi certaines de mes communications : je vous demande la même faveur pour ces lignes où Sa Majesté lira mon démenti formel, ma juste indignation, et mon profond respect pour sa personne.

J'ai l'honneur, etc., etc.

LE VICOMTE DE MARCELLUS.

J'ai fait suivre cette lettre du paragraphe de ma dépêche n° 86, où je cite *verbatim* toute la conversation que j'ai eue avec le roi. — M. Canning a transmis le tout sur-le-champ à Sa Majesté, qui, aussitôt, m'a fait témoigner, par le gentilhomme de sa chambre en service, combien elle en était satisfaite.

L'affaire n'en est pas restée là. J'ai appris hier matin, de M. Peel, que l'Opposition, éveillée par cet article du *Times,* se préparait à interpeller les ministres sur ce même sujet. Ceux-ci, de leur côté, ont vu, dans l'attaque du *Times,* une atteinte à la dignité royale, et ils se sont réunis pour décider si ce journal devait être déféré aux tribunaux. Ma lettre a fait trancher la question par la négative; et ma démarche, révélée par M. Canning à la haute Opposition, a fait renoncer aux interpellations projetées.

Le roi, piqué de cette insulte publique, a dit : — « Je n'ai point tenu à M. de Marcellus le langage « qu'on me prête : mais ces vœux pour la cause de « la France sont au fond de ma pensée, et je de- « vais en bonne justice, au chargé d'affaires fran- « çais, l'accueil qu'il a trouvé près de moi. Quoi ! « pendant qu'il lutte contre la malveillance, exposé « aux conspirateurs de tous les pays, pardonnés « mais non corrigés (1), je l'abandonnerais aussi,

_____

(1) « Dieu n'enjoint à l'homme de pardonner qu'en prescri- « vant à la société de punir. La vindicte publique ne prend « jamais le nom odieux de vengeance. Quand le pouvoir lé- « gitime se trouve entre deux partis, l'un pour lui, l'autre « contre lui, il doit appuyer l'un et écraser l'autre. Lorsqu'il « y a des crimes commis et des coupables connus, il faut pu- « nir. Voilà le dogme. Et l'amnistie, étendue à tous les cri- « mes et à tous les coupables, est un *déni de justice;* or, le

« et le duc de San-Lorenzo sera porté en triomphe
« par la populace ! il sera invité, caressé par mes mi-
« nistres, et ces ministres viendront en plein par-
« lement lancer des vœux contre la France, avec
« laquelle nous sommes en pleine paix ! Est-ce là la
« neutralité, et une *honnéte* neutralité ? J'ai souffert
« de cette conduite dont l'Europe aurait pu accuser
« mes principes politiques, et j'ai cherché à réta-
« blir la balance, en montrant à M. de Marcellus
« tout l'intérêt qu'on a témoigné exclusivement jus-
« qu'ici aux agents des Cortès. » —

Telles ont été les paroles du roi ; elles m'ont été
révélées par le *cœur discret* qui les a recueillies :
you may rely upon it.   M.

« déni de justice, de la part de celui qui *doit la rendre*, est le
« plus grand crime, et même le seul que le pouvoir puisse
« commettre comme pouvoir. »

(*Extrait des Lettres manuscrites de M. le vicomte
de Bonald.*)

XC.

M. DE CHATEAUBRIAND A M. DE MARCELLUS.

Paris, 5 mai 1823.

Raison restera, enfin, au bon droit : après bien des dangers, des outrages et des menaces, nous sortirons avec gloire d'une entreprise qui assure à jamais la dynastie des Bourbons.

Mon dernier discours a produit un effet prodigieux sur le corps diplomatique, et même sur sir Ch. Stuart. Et voilà que Canning, de son côté, disait, enfin, de moi quelque chose d'honorable. Il faut profiter du moment.

Nos succès vont croissant en Espagne. Tout se soulève ou se rend à notre approche. M. le duc d'Angoulême part aujourd'hui même pour Burgos, et sera le 25 à Madrid. Une régence, un gouvernement provisoire y sera créé, reconnu par nous et par toute l'Europe continentale. La Russie, l'Autriche et la Prusse vont faire partir leurs ministres pour l'Espagne, avec notre ambassadeur. Naples et Turin se joignent à nous, et Rome renverra son nonce à Madrid. Dans cette position, voici ce que je vous recommande, en agissant avec la plus extrême circonspection, et en traitant l'affaire seulement de vous à moi.

L'Angleterre va se trouver dans la situation la plus fausse. Son ambassadeur, geôlier à Séville du roi Ferdinand, tandis que tout le corps diplomatique résidera à Madrid, ce sera un fait monstrueux. Le gouvernement anglais ne pourrait-il pas alors faire dire, par sir W. A' Court aux Cortès, qu'il faut qu'elles se décident à en finir; qu'elles avaient prétendu avoir la nation pour elles, et que cette nation est décidément contre elles; que l'Angleterre n'entend pas lutter seule contre la nation espagnole et contre le continent, et qu'un ministre anglais ne peut pas être maintenu à Séville, dans cette étrange position? L'Angleterre, par ce moyen, déciderait subitement la paix, et elle nous trouverait prêts à accepter tout ce qui serait raisonnable. Vous voyez qu'il faut dans tout ceci une grande dextérité.

Il ne faut pas que M. Canning suppose que vous ayez reçu aucun ordre, ni que vous sachiez rien de positif : tout doit venir comme de vous, et comme raisonnement hypothétique. Il ne faut aussi rien dire de clair sur le plan que vous devez ignorer. Vous ne devez point parler de cela à vos collègues, mais seulement leur dire qu'ils devraient inviter l'Angleterre à se joindre à nous tous à Mad rid, pour mettre à fin cette affaire d'Espagne. Vous me rendrez compte de tout ceci dans vos *lettres particulières*, et jamais dans vos *dépéches*. Vous n'en laisserez pas non plus de trace à l'ambassade. Je le répète, c'est une chose de vous à moi (1).

J'ai reçu votre dépêche du 3 mai, et votre lettre particulière de la même date. Elles ne changent rien à ce que je vous mande. J'oubliais de vous dire que Valladolid s'est déclaré pour nous.   C.

———

(1) Je me détermine d'autant plus volontiers à faire connaître ici la suite de notre correspondance, que M. de Chateaubriand, on le voit, n'en a laissé lui-même aucune trace au ministère des affaires étrangères, ni par conséquent aux archives de l'État, et que le jour où il déménagea en quelques heures de son camp posé sur les boulevards, ainsi qu'il disait parfois, il en emporta la copie de ses lettres faite à côté de lui par son secrétaire intime en même temps qu'il emportait les miennes; l'original tracé de la grosse écriture du ministre étant resté depuis, par sa volonté, entre mes mains. C'est dans cette correspondance *de lui à moi* qu'il a puisé celles de mes lettres qu'il a jugé à propos de publier en 1838 dans son *Histoire du Congrès de Vérone*.

———

XCI.

M. DE MARCELLUS A M. DE CHATEAUBRIAND.

Londres, 9 mai 1823.

Après m'être bien pénétré de la commission délicate que vous m'avez confiée dans votre lettre du 5, je me suis rendu chez M. Canning, qui me reçoit à toute heure et en dehors des formes cérémonieuses auxquelles le corps diplomatique est astreint.

J'ai traité d'abord, dans notre conversation, le gros des affaires dont vous rend compte ma dépêche n° 92; puis j'ai donné au ministre, qui m'en demandait, des nouvelles de notre armée. J'ai annoncé que Valladolid était pour nous, que M. le duc d'Angoulême serait bientôt à Madrid; j'ai parlé du départ du prince de Carignan pour l'Espagne, accompagné du chargé d'affaires sarde près de Sa Majesté Catholique, comme si la cour de Turin était pressée de rétablir des relations régulières avec la nation espagnole. — « Ne pense-t-on pas aussi, à « Paris, à créer une nouvelle ambassade en Espa- « gne? » — Quelques jeunes aspirants diplomati-

ques, ai-je répondu, me l'écrivent comme un bruit
qui court. Ce serait une mesure parfaitement naturelle. Nos résolutions vont être promptes et décisi-
ves. Sûr de la neutralité de l'Angleterre, certain des
vœux de l'immense majorité du peuple espagnol, le
ministère français est aujourd'hui libre et fort. Il n'y a
plus maintenant qu'à diriger les partisans de la monarchie, à pacifier enfin ; et dès que le prince généralissime sera à Madrid, il ne sera plus qu'un puissant
médiateur entre tous les partis.—« Ah! cependant, »
m'a dit le ministre, « il faudra agir encore vers Séville
« ou Cadix, et l'intérieur de l'Espagne présentera un
« aspect étrange : car alors on verra à Madrid une
« capitale et un gouvernement sans roi, et à Sé-
« ville, un roi sans gouvernement ni capitale. » —
Pourquoi donc ne pas tout confondre, ai-je repris?
Pourquoi ne pas faire, sous un même roi, une seule
capitale et un seul gouvernement? Sir W. A' Court
me semble merveilleusement placé pour opérer ce
changement de scène. — « Sir W. A' Court, » a
répondu M. Canning, « ne peut plus agir en conci-
« liateur que sur des bases stables et convenues
« d'avance ; je vais vous lire ce que j'ai écrit à sir
« Ch. Stuart, le 6 mai, à ce sujet. » —

Vous devez avoir connaissance de cette longue
dépêche, dans laquelle M. Canning déclare que la
versatilité des ministres français a fait échouer tou-

tes les négociations précédentes ; qu'il ne parle pas
ainsi pour s'en plaindre, mais pour éviter cet inconvénient à l'avenir ; et que désormais, pour user de
l'*intervention amicale* de l'Angleterre, il faudra que
les intentions de la cour de France soient précises
et irrévocablement fixées. — (Et c'est M. Canning qui nous reproche notre versatilité!!!

Quis tulerit Gracchos de seditione querentes.)

« Depuis cette lettre, » a continué le ministre,
« sur une ouverture plus explicative et plus pres-
« sante de M. de Chateaubriand, sir Ch. Stuart a
« pris sur lui d'écrire à sir W. A' Court tout cet
« entretien, et de demander en quelque sorte ses
« bons offices. Nous avons blâmé cette démarche ;
« et, pour en prévenir l'effet, j'ai envoyé, par un bâ-
« timent de guerre, des instructions à Séville. L'An-
« gleterre restera spectatrice inactive jusqu'à ce
« que le plan du gouvernement français lui soit
« clairement connu. Alors nous travaillerons de no-
« tre mieux à terminer la lutte. Mais, d'avance, si
« vous rétablissez le despotisme, je vous prédis une
« prochaine et sanglante révolution. » — Le despotisme ! Mais est-il en vigueur chez nous ? Qui donc
en veut maintenant ? Ferdinand VII lui-même n'a-t-il
pas dit, dans sa proclamation de 1808, répétée
en 1814 : *J'abhorre le despotisme ?* Louis XVIII

lui-même a toujours pensé qu'une monarchie, pondérée par des institutions représentatives, une fois établie à Madrid, doit affermir sa famille en France, et consolider deux trônes au lieu d'un. Je ne puis donc croire que ma cour soit favorable au despotisme; mais, si vous le craignez sérieusement, cherchez à vous en éclaircir; proposez vos idées, détaillez vos projets : ils seront combinés avec les nôtres, et de là peut naître une pacification solide. — « Soit, » a repris M. Canning; « je vais écrire à « M. de Chateaubriand dans ce sens. Mes lettres « seront pour lui et pour M. de Villèle. Cette cor- « respondance peut encore amener une intelligence « prompte et un véritable succès. » J'ai assuré le ministre que vous recevriez ses lettres avec plaisir, et j'ai cherché à détruire les soupçons que sir Ch. Stuart jette dans son esprit sur une certaine mésintelligence entre M. de Villèle et vous. Cet ambassadeur représente le premier ministre comme jouissant d'une autorité croissante et d'une influence exclusive. Les bruits qui en courent ici sont de nature à ne pas trouver place même dans cette lettre toute confidentielle.

Voilà ce que m'a laissé entrevoir une première conversation, dans laquelle j'ai cherché à mettre toute la réserve que vous me recommandiez. Vous pourrez, dans votre réponse à M. Canning, s'il vous écrit, poser des questions directes, si vous voulez leur donner plus de poids, ou bien me laisser faire, si vous craignez de leur en donner trop.

Malgré l'honneur que me destinait le lord-maire, d'ouvrir à *Mansion-House* son grand bal avec sa fille, je n'ai point paru à cette fête. Un *toast* en faveur des Cortès y a été porté en présence de M. Canning, et sous la présidence du duc d'York. Je l'avais prévu. Je n'irai à aucune de ces assemblées, pas même au *meeting* des secours aux littérateurs. J'y enverrai la lettre que vous m'annoncez avec votre offrande, et quelque chose pour moi.

M.

XCII.

M. DE MARCELLUS A M. DE CHATEAUBRIAND.

Londres, 10 mai 1823.

Au terme de la résolution du 28 novembre dernier, à Vérone, au sujet de la traite des esclaves, une conférence s'est tenue hier. M. Canning m'en avait prévenu par sa note d'avant-hier. Dépourvu de toutes instructions à ce sujet, j'ai laissé vide le fauteuil qui m'y était destiné. Les ambassadeurs d'Autriche, de Russie, le ministre de Prusse, M. Canning et le duc de Wellington y assistaient. Mon ami et collègue Neuman y tenait la plume, et n'a pas eu grand'chose à écrire.

Car, après quelques paroles de M. Canning pour expliquer que le congrès des États-Unis venait de se séparer sans s'occuper de la question, comme il demandait des démarches collectives envers le Portugal et le Brésil, les ambassadeurs ont dit qu'ils n'avaient point à Lisbonne de représentant accrédité, et qu'ils n'avaient pas encore reconnu l'empire du Brésil; puis, le comte de Lieven ayant fait remarquer mon absence, on est convenu, d'un commun accord, de regarder ce qui venait de se dire de part et d'autre comme non avenu, et d'attendre ma présence ou ma réponse. **M.**

XCIII.

M. DE CHATEAUBRIAND A M. DE MARCELLUS.

Paris, 12 mai 1823.

Voici ce que vous avez à faire pour cette conférence sur la traite des noirs. Vous y assisterez une fois : vous y parlerez très-philanthropiquement;

mais vous ferez voir comment, dans l'état actuel
des choses et de la politique en Europe et en Amérique, il est difficile d'arriver à une mesure générale. Vous éviterez ensuite de nouvelles conférences le plus que vous pourrez, et la chose en restera là.   C.

XCIV.

M. DE MARCELLUS A M. DE CHATEAUBRIAND.

Londres, 16 mai 1823 (1).

Voici ce que je viens de répondre à la note que
m'a adressée M. Canning pour les conférences sur
l'esclavage.

« Le soussigné » (après les formules d'usage,
etc., etc.) « s'empresse de déclarer de nouveau que
« sa cour réprouve, autant qu'aucun gouverne-
« ment de l'Europe, ce trafic odieux que repous-

---

(1) On a pu observer déjà, et on observera encore dans le
courant de cette correspondance, que les *dates* ne se suivent
pas aussi régulièrement que les *numéros*. Autant que je l'ai
pu sans trop blesser la chronologie, j'ai placé à la suite les
unes des autres les lettres qui, soit à Paris, soit à Londres,
traitaient des mêmes sujets.

« sent les mœurs et les sentiments de la nation
« française, et qu'elle partage à cet égard tous les
« vœux de ses alliés. Dans le but d'adhérer à leurs
« désirs, le gouvernement français a autorisé le
« soussigné à assister à la prochaine conférence
« qui doit s'ouvrir à Londres, relativement à l'a-
« bolition de la traite, etc., etc. »

M. Canning avait besoin de ce semblant de conférence pour la motion que M. *Buxton* avait annoncée dans la chambre des Communes à ce sujet.

M.

XCV.

M. DE CHATEAUBRIAND A M. DE MARCELLUS.

Paris, 11 mai 1823.

Je vous fais mon compliment sur votre conduite
dans l'affaire du *Times* et de la prétendue aberra-
tion d'esprit du roi d'Angleterre; c'est à la fois d'un
cœur loyal et d'un diplomate habile. Il m'arrive de
plus d'un côté que ce trait, qui vous honore, a été
fort apprécié à *Carlton-House* et à Londres; vous
apprendrez avec plaisir qu'il en a été de même aux
Tuileries et à Paris.

16

Multipliez les détails; ne vous refroidissez pas en raison de mes courtes répliques. J'ai si peu de temps à donner à chacun de mes collaborateurs hors de France ! C.

XCVI.

M. DE MARCELLUS A M. DE CHATEAUBRIAND (1).

Londres, 13 mai 1823.

D'après ce que je vois chez les ministres et leurs amis, ce que j'entends chez l'Opposition, et d'après les observations de mes collègues, notre cause me paraît s'améliorer sensiblement. Cet effet est principalement dû, on ne peut le nier, à la modération et à l'éloquence de votre dernier discours. Notre marche triomphale en Espagne a détrompé bien des esprits, et M. Canning lui-même disait récemment que cette guerre, à peine commencée, touchait déjà à sa fin. Il ne regarde plus le succès comme douteux, et il n'a plus qu'une pensée : c'est celle de le partager. Le ministère entier éprouve ce sentiment;

---

(1) Lettre publiée par M. de Chateaubriand dans le *Congrès de Vérone*.

ils comprennent qu'ils ont besoin, pour leur popularité et leur position envers le parlement, de reparaître médiateurs et actifs sur le théâtre de la Péninsule. M. Canning a beau déclarer qu'il n'agira plus sans avoir des points fixes et des bases de négociation arrêtées; il agira à la moindre demande, et tout ce qu'il craint au monde, c'est qu'on ne se passe de lui.

Lord Melville m'assurait avant-hier qu'aucune flotte ne partait pour Gibraltar; mais six jours suffisent pour cet équipement. Les révolutionnaires exaltés seront accueillis sur les vaisseaux anglais; le roi même pourra y être conduit par eux, et de là, le cabinet de Londres traitera des institutions à donner à l'Espagne. Il faut tout prévoir, même cette bizarre complication d'événements. D'un autre côté, si on réclame l'*intervention amicale* de l'Angleterre, M. Canning, pour donner plus de poids et d'éclat à cette *médiation*, ira jusqu'à envoyer le duc de Wellington, dont il s'est moqué dans ses discours; car il veut agir à tout prix. La session va se terminer; et, s'il n'a pu défendre cette année que des plans arrêtés avant son entrée au ministère, il voudra se présenter l'année prochaine au parlement avec la pacification de l'Espagne, la reconnaissance de l'indépendance des colonies espagnoles, et peut-être du Brésil, etc., etc. Il lui faut ces succès exté-

16.

rieurs pour faire oublier son silence sur la question catholique et sur la réforme parlementaire.

M. Canning nous revient, monsieur le vicomte ; la correspondance qu'il veut rouvrir avec vous le prouve. Éclairé comme vous l'êtes sur son caractère, vous dirigerez cette correspondance avec avantage, et dans le sens de nos vues ; il a fait quelques pas vers la modération, et, subtilisant sur un de ses discours : « J'ai sans doute exprimé des « vœux pour l'Espagne, a-t-il dit, mais point pour « les Cortès ; j'ai souhaité la prospérité de l'Espa- « gne, mais non le triomphe du parti des *exaltés*. « J'abhorre l'intervention armée de la France, » continuait-il ; « elle est injuste et coupable en prin- « cipe, mais je dois avouer qu'elle rend la paix « plus facile et plus prochaine, et elle aura beau- « coup contribué au repos intérieur de la Péninsule. »

Par ces contradictions pénibles, le ministre n'exprime autre chose que le désir d'intervenir lui-même : il feint une grande frayeur du despotisme, et il s'appuie dans ses raisonnements sur toute la haine qu'on porte unanimement ici au roi Ferdinand. Il parle fréquemment de sa destitution ou de son abdication comme possible et désirable. Vous m'avez recommandé de ne traiter ces divers points politiques que dans des lettres particulières, et je continuerai jusqu'à nouvel ordre.   M.

XCVII.

M. DE CHATEAUBRIAND A M. DE MARCELLUS.

Paris, 14 mai 1823.

J'attends les lettres de M. Canning, que votre réponse du 9 semble m'annoncer. Cela ne mènera à rien ; mais cela peut entretenir une bonne intelligence telle quelle.

Toutes les petites nouvelles que l'on débite à Londres ont été débitées ici primitivement ; elles n'ont pas le sens commun. Il en est ainsi de ma prétendue mésintelligence avec Villèle. Nous sommes très-bien ensemble.

On fait courir aussi mille bruits absurdes sur l'armée de Catalogne. La première estafette détruira encore une fois tous ces mensonges libéraux, qui renaîtront bientôt après ; il faut se faire à cela.

Ces petitesses ne doivent pas nous faire perdre de vue notre but essentiel. Le fond de notre affaire, c'est, contre tout opposant, de rajeunir la vieille gloire de la maison de Bourbon, et de faire de ses princes des héritiers complets du *roi vaillant,* le Béarnais !

C.

XCVIII.

M. DE MARCELLUS A M. DE CHATEAUBRIAND.

Londres, 14 mai 1823.

Hier encore, j'espérais que l'auteur du *Génie*, le chantre des *Martyrs,* le voyageur inspiré de l'*Itinéraire,* ferait entendre en faveur des lettres quelques accents poétiques, échappés à sa voix entre une dépêche et l'autre, et je m'apprêtais à les faire résonner, de mon côté, dans les salles du *Litterary-Meeting.* J'aurais voulu montrer ici, dans le prétendu perturbateur de l'Europe, l'écrivain qui l'a si longtemps charmée ; mais certaines indécisions pour désigner un président (*chairman*), qui enfin a été le duc de Sussex, ont empêché de connaître d'avance le jour du dîner. Il a lieu demain : il n'est plus temps de recevoir votre lettre. J'y ai suppléé tout prosaïquement par celle-ci, que j'ai adressée au trésorier, et non pas au président.

— Au Trésorier de la Société instituée pour secourir les gens de lettres, à Londres. —

Monsieur,

M. le vicomte de Chateaubriand, ministre des affaires étrangères de France, n'a point oublié à

Paris les sages et honorables institutions qu'il a justement appréciées pendant son séjour à Londres. Il a conservé précieusement le souvenir de l'honneur que lui fit la Société littéraire en l'admettant, l'an passé, dans son sein; et ne pouvant, cette année, prendre part en personne aux travaux de cette salutaire association, il a désiré y concourir malgré son absence. Il m'a spécialement chargé, Monsieur, de déposer en vos mains la somme de 40 livres sterling (1000 fr.), pour être appliquée aux besoins que cette noble institution s'empresse de soulager.

Permettez-moi d'y joindre en mon nom une faible offrande de 5 guinées, et veuillez agréer, etc.

Le vicomte DE MARCELLUS.

Vous souvient-il de ce que M. Canning disait de vous, l'an dernier, devant trois cents hommes de lettres dans ce même *meeting*, auquel nous assistions ensemble? « M. de Chateaubriand défendit les « principes du christianisme et exposa son *Génie*, « puis il défendit les principes de la monarchie légi- « time; et il arrive enfin dans ce pays pour lier les « deux États par les chaînes communes de la monar- « chie et des vertus chrétiennes. » — Ces paroles n'ont pas cessé d'être vraies; M. Canning oserait-il encore les prononcer?.....

Vous aurez remarqué cette phrase de lord Grey,

le rude critique de M. Canning, dans son dernier discours à la chambre des lords? « La France joue « gros jeu; mais si elle réussit, le pouvoir des Bour- « bons reposera sur une base plus solide que ja- « mais. »   M.

———◦———

XCIX.

M. DE CHATEAUBRIAND A M. DE MARCELLUS.

Paris, 16 mai 1823.

J'ai tout à fait oublié de vous écrire depuis deux jours; mais avec vous il n'y a point de péril en la demeure. Je profite ce matin d'un courrier que M. Vincent expédie à Londres avec une réponse très-favorable pour nous du prince Metternich au duc de Wellington. Votre dépêche n° 93 et votre lettre particulière m'arrivent à l'instant. Ce que vous m'apprenez est très-bon. Je pense comme vous sur tout ce que veut faire M. Canning.

A Madrid commenceront les grandes affaires. Si l'Angleterre veut en être, nous en serons charmés. Dites à madame de Lieven que, accoutumé à répondre des politesses à mes ennemis, je me mets respec- tueusement à ses pieds.   C.

———◦———

C.

M. DE CHATEAUBRIAND A M. DE MARCELLUS.

Paris, 17 mai 1823.

Votre lettre à la Société littéraire est très-bien. Sans doute, en d'autres temps, j'aurais aimé à y dire quelque chose de ce chétif littérateur en herbe, mourant de faim en 93, dans ces mêmes rues de Londres qu'il devait traverser, pompeux ambassadeur, en 1822 ; c'est une pensée, vous le savez, qui ne m'a jamais quitté pendant mon dernier séjour en Angleterre. Mais le chant qui doit rester dans la mémoire de tous ne s'improvise pas comme un son balbutié à l'oreille d'un diplomate : depuis que je broche des dépêches, et que je me suis lancé dans les orages de la politique, je ne fais plus rien.

Musæ secessum scribentis et otia quærunt;
Me mare, me venti, me fera jactat hiems (1).

C.

---

(1) Ovide a dit : *Carmina* (Tristes, liv. I, ép. I, v. 41); M. de Chateaubriand a dit : *Musæ*. Les muses n'ont-elles pas, en effet, présidé à la prose de l'écrivain français, presque toujours en disgrâce, aussi bien qu'aux vers du poëte latin, mort en exil ?

CI.

M. DE MARCELLUS A M. DE CHATEAUBRIAND.

Londres, 17 mai 1823.

M. Canning va répétant sans cesse que, la médiation de l'Angleterre ayant été refusée une fois par
nous dans les affaires espagnoles, il ne l'offrira jamais plus. Il en parlerait moins si c'était chose ar-
rêtée. Je crois même que les instructions envoyées
sur ce point à sir W. A'Court étaient fort concilian-
tes. Toujours est-il que la majorité du ministère
britannique veut sincèrement ce que nous voulons
nous-mêmes, la fin de la guerre, comme la tranquillité intérieure et totale de la Péninsule. M. Canning
mêle à ces dispositions, qui lui sont imposées par
ses collègues, un fond d'aigreur qui lui est propre,
et la honte d'avoir été vaincu en procédés généreux
dans la lutte des tribunes française et anglaise. Il
n'ose plus néanmoins renouveler ses tentatives de
désunion sur le continent; et la constante intelligence, l'unité de vues que nous avons toujours ma-
nifestée ici, mes collègues et moi, quand nos cours
n'étaient pas tout à fait dans la même voie, ont
déconcerté plusieurs des tentatives du ministre.

Ainsi quand, sur un article d'un journal allemand, M. Canning conçut l'espérance de détacher de l'alliance continentale la cour d'Autriche, et, déclinant l'intervention de l'ambassade impériale à Londres, s'adressa droit à M. de Metternich, la confidence que j'en fis le premier au prince Esterhazy détermina cet ambassadeur à expédier sur-le-champ un courrier à Vienne. Ce courrier prévint les démarches directes de M. Canning, et éteignit l'espoir d'une désunion.

Ma lettre au trésorier de la Société littéraire a été lue au dessert; et votre don a été accueilli avec une unanimité d'applaudissements (*cheerings*) fort honorable. Le duc de Somerset, vice-président, est venu chez moi pour me prier de vous remercier au nom de la Société. Sir Th. Lawrence a fait la même démarche.

Ces bulletins de nos moindres mouvements en Espagne, que, par vos ordres, le télégraphe transmet périodiquement à Calais, et que de là nos courriers m'apportent très-rapidement, ont un grand effet ici. Je crois vous avoir déjà dit que j'ai une voie certaine, quoique indirecte, de les faire parvenir au roi. Ils m'attirent de nombreuses visites de négociants spéculateurs, de journalistes, de banquiers, et des propositions de toute nature, qui ne peuvent trouver leur place ici, malgré le vaste champ que vous avez ouvert à ma correspondance.

Le maréchal Béresford est venu me voir hier.
« Vous savez, » m'a-t-il dit, « que je suis un inva-
« riable partisan de notre vieille Angleterre, et, par
« suite, de toutes les monarchies. J'ai donc vu avec
« joie votre expédition au delà des Pyrénées contre
« le libéralisme : vous avez tous mes vœux ; et j'y
« joins une prédiction basée sur l'expérience de nos
« guerres dans la Péninsule. Ne vous amusez pas
« à enrégimenter vous-mêmes les Espagnols ; ne
« vous mêlez ni de leur organisation militaire, ni
« de leurs dissensions civiles. Ce système nous a
« trompés quand nous avions en face de nous de
« bien plus rudes jouteurs : que notre exemple vous
« serve. Poussez hardiment et promptement vos
« troupes vers Cadix, sans vous inquiéter du reste.
« Vous aurez bientôt délivré Ferdinand, et mérité
« les suffrages des hommes de guerre de tous les
« pays. »

Je n'ai pas cru devoir déguiser, à cet acteur con-
sidérable de l'ancienne querelle espagnole d'un autre temps, que la création d'une armée éprouvée,
fière d'une campagne de plus, et dévouée à la race
antique de nos rois, était la pensée intime de mon
gouvernement ; qu'il était temps de jeter sur les
soldats de la France monarchique un reflet du grand
éclat militaire de la France impériale ; qu'au lieu de

provinces conquises et de capitales envahies, nous ne cherchions plus qu'à guérir les plaies, à relever les ruines, à donner le repos et la prospérité aux peuples ; et qu'ici nos armes, loin de provoquer les désastres des nations étrangères et les nôtres, s'honoraient de les prévenir.

Le déchaînement de la presse de l'Opposition m'alarme peu. Le lecteur sérieux s'arrête à peine à ces articles où l'injure se mêle au sarcasme ; bientôt même l'intérêt général se porte ailleurs, et l'on oublie jusqu'au déplaisir qu'ils ont causé : comme ces piqûres qui font saigner d'abord, mais qui ne laissent après elles ni venin ni douleur.   M.

CII.

M. DE CHATEAUBRIAND A M. DE MARCELLUS.

Paris, 19 mai 1823.

Je réponds à la hâte à deux points de votre dépêche n° 94 et de votre lettre particulière.

1° La publication des papiers sur l'armement en course blesserait dans ce moment l'Angleterre, et il faut la ménager, pour qu'elle nous aide à délivrer Ferdinand ;

2° Si M. Canning vous parle de notre ambassade
en Espagne, il faut lui dire que le plan de la France
et de ses alliés a toujours été d'établir un gouvernement provisoire à Madrid, pour administrer l'Espagne pendant la captivité du roi; que les quatre
puissances continentales et plusieurs autres petites
puissances reconnaîtront ce *gouvernement* et accréditeront des ministres auprès dudit *gouvernement* (1). Nous espérons bien que l'Angleterre ne
se séparera pas de nous, et qu'elle agira pour obtenir la liberté de Ferdinand, ce qui mettra fin à la
guerre d'Espagne. Au reste, cette guerre n'existe
déjà plus par le fait : toute l'Espagne ne reconnaît
plus les Cortès. Nous avons joué un grand et beau

---

(1) « En affaires, » me disait M. de Chateaubriand, « le style
« ne saurait être trop clair, et il ne faut pas craindre de ré
« péter les termes pour élucider la pensée. » Il a suivi le précepte dans cette phrase, où le mot de *gouvernement*, déjà
assez embarrassant par lui-même (soit dit sans malice), se reproduit par trois fois. «Mettre *le, la, lui, celui* ou *celle*,» me
disait-il, « à la place d'un substantif, c'est dans bien des cas
« rendre la phrase obscure ou amphibologique au lieu de
« l'abréger; presque toujours ce substantif répété vaut mieux.
« Et j'applique, quant à moi, la même règle aux descriptions,
« raisonnements ou narrations historiques, poétiques même,
« où la clarté, sans être aussi obligée, ne cesse pas d'être
« une vertu. »

rôle ; et nous ne l'avons pas acheté trop cher au prix de quelques injures.

Vous êtes destiné à une belle carrière diplomatique, et une ambassade ne peut vous fuir, surtout si je reste ministre des affaires étrangères; et je ne vois pas de probabilité pour que le roi confie le portefeuille à d'autres mains. Si la paix se fait promptement, je puis être longtemps où je suis; et il faut convenir que j'ai un peu acheté ma place (1).

C.

---

(1) M. de Chateaubriand, si étonnant prophète en politique, a pourtant ici mal deviné deux fois en quatre lignes. D'abord, en ce qui le concerne ; et ce fut plus qu'un malheur, ce fut presque une calamité publique : ensuite, pour moi, ce qui n'importe guère. Et, comme je lui rappelais, en 1837, ce double pronostic démenti : « Les petites passions des hom-« mes, » me répondit-il en souriant, « se prêtent aux conjec-« tures beaucoup moins que les grandes révolutions des États. « Tenez , continua-t-il, lisez ce que j'écrivais ce matin ; et, « cette fois encore, je ne crois pas me tromper. — Le siècle « avance ; la démocratie s'accroît : si les caractères en déca-« dence peuvent la supporter, les rois, à l'heure providen-« tielle, abdiqueront volontairement ou seront obligés de se « retirer. Si les peuples corrompus, sans laisser venir les « jours, sans écouter personne, se jettent du haut en bas, loin « de tomber dans la liberté ils s'engloutiront dans le despo-

CIII.

M. DE MARCELLUS A M. DE CHATEAUBRIAND.

Londres, 23 mai 1823.

J'ai eu avec M. Canning une longue conversation où il a mal déguisé le dépit que lui causent l'harmonie continentale et les préparatifs des négociations à Madrid. Il en savait les préliminaires ; et j'ai demandé alors très-explicitement si l'Angleterre se séparerait de l'alliance, et si elle n'aiderait pas à la délivrance du roi ?

« Tout ceci est énigmatique pour nous, » m'a répondu le ministre : « que voulez-vous ? Quelle forme « d'institutions imposerez-vous à l'Espagne ? Êtes- « vous bien libre de dicter ? La Russie ne veut-elle « pas le despotisme ? L'Autriche, sans le vouloir « aussi hautement, ne penche-t-elle pas pour le gou- « vernement absolu ? » — « Neutralisons une place,

---

« tisme ; et, pour dernière calamité, ce despotisme ne sera « pas permanent. »

Cette prophétie se retrouve textuellement imprimée, en 1838, dans l'*Histoire du Congrès de Vérone* (t. I, p. 271).

« dit M. de Chateaubriand, et traitons-y des intérêts
« de l'Espagne d'accord avec son roi libre. » —
« Mais ce roi y mènera-t-il ses Cortès et son minis-
« tère? Ferdinand libre de donner à ses peuples de
« nouvelles institutions! Mais ce Ferdinand vous
« est-il connu? Je le connais si bien, moi, que, si sa
« prétendue liberté d'agir à sa guise était dans mes
« mains, en mon âme et conscience je ne devrais
« point la lui accorder. Mais est-il donc réellement
« *captif*, ou seulement *empêché?* Et ne vous sou-
« venez-vous pas que, dans toutes les guerres ci-
« viles, la personne et le gouvernement du roi sont
« d'un côté, tandis que, de l'autre, on invoque l'au-
« torité du monarque, et on déclare en même temps
« sa captivité et son impuissance. En vérité, je
« ne vois point comment tout ceci finira. Le roi
« d'Espagne aux Canaries? c'est un rêve des exal-
« tés..... Le faire passer sur un vaisseau français?
« autre rêve qui pourrait être sanglant! » — C'est
justement, ai-je répondu, cette conformité des destinées de Louis XVI et de Ferdinand VII jusqu'ici qui
effraye à bon droit l'Europe. Elle ne veut voir, dans
ce monarque menacé, que le prélude si connu et si
redouté des révolutions de France et d'Angleterre :
chaque trône est ébranlé des outrages qu'il reçoit.—
Puis j'ai parlé d'un gouvernement provisoire établi à Madrid et reconnu par l'Europe, d'une admi-

nistration organisée...—«Tous ces faits sont obscurs, »
a répliqué le ministre. « Nous ne comprenons rien
« ici aux projets des puissances continentales, ni à
« leurs principes appliqués en partie ou en totalité
« à l'Espagne, ni au concours qu'elles peuvent sou-
« haiter de nous. »—La cause des Bourbons, ai-je repris, en France comme en Espagne, est en ce
moment la cause universelle. C'est la lutte des institutions monarchiques sagement et lentement pro-
gressives, parce qu'elles reposent sur une patiente
hérédité, contre les révolutions brusquement nova-
trices, ou contre de temporaires usurpations; et c'est
ce que de toutes parts on vous demande de reconnaître. —

Le ministre a continué, après un moment de silence, et sans répondre à mes dernières paroles :
« Mon ignorance du système arrêté m'a fait retarder
« ma lettre à M. de Chateaubriand jusqu'après les
« événements de Madrid ; tout sera plus clair alors
« peut-être. » — Ceci n'est qu'une esquisse rapide
de notre longue conversation.

La secousse du mécontentement de l'Europe sep-
tentrionale aux discours du parlement s'est fait enfin
sentir à Londres. Vos collègues de Vérone s'ébran-
lent; leur courroux se prononce; et, tandis qu'au
mois de mars ils osaient à peine mettre en doute
les opinions monarchiques de M. Canning, ils le

nomment aujourd'hui *homme faux*, INCONSISTANT, *sans délicatesse*, JACOBIN..... M. de Lieven a reçu de sa cour des plaintes beaucoup plus vives encore contre le langage et la conduite de lord Liverpool et de M. Canning, que contre les vociférations de M. Brougham. Mais ces cris et ces menées ne provoqueront pas *la chute du ministre.*   M.

CIV.

M. DE CHATEAUBRIAND A M. DE MARCELLUS.

Paris, 22 mai 1823.

Tâchez de découvrir les intentions de M. Canning, s'il en a. Il paraît certain qu'il voudrait sortir de la position difficile où il s'est placé, et se mêler *diplomatiquement* à l'affaire d'Espagne. D'après des propos échappés à sir Ch. Stuart, M. Canning pencherait pour entrer en arrangement avec nous et les alliés, si on pouvait sauver son amour-propre. Or, il n'y a rien de si aisé que de lui présenter la transaction sous le point de vue le plus honorable pour lui. Voici la chaîne du raisonnement.

Le gouvernement britannique a pensé ne pas de-

voir se séparer des Cortès, tant qu'il a cru qu'elles
avaient pour elles le vœu de la nation espagnole.
Or, il est démontré aujourd'hui que l'immense majorité de cette nation rejette la constitution des
Cortès. Il est encore prouvé que le roi né l'a signée
que par force, et qu'il ne laisse échapper aucune
occasion de faire connaître à ses alliés ses sentiments à ce sujet. Alors, comment l'Angleterre se
déclarerait-elle favorable à une constitution rejetée
à la fois du roi et du peuple? Ces faits une fois reconnus, elle n'a plus de motifs d'adhérer aux Cortès; et comme, d'un autre côté, son intérêt est que
la paix règne en Europe et que les Français se re-
tirent de l'Espagne, il est clair qu'elle peut déclarer
aux Cortès qu'elle est dans l'impossibilité morale de
les soutenir : elle doit leur dire encore qu'elle ne
souffrira jamais qu'elles emmènent le roi hors de
l'Espagne, ou qu'elles le retiennent en otage dans
Cadix, ce qui exposerait la paix du continent pour
l'intérêt particulier des membres qui composent les
Cortès. Quant à ces Cortès, on leur ferait un pont
d'or pour relâcher le roi, et on leur accorderait les
conditions les plus favorables. L'Angleterre jouerait,
dans ce cas, un rôle superbe : elle interviendrait pour
finir toute cette affaire d'Espagne; elle obtiendrait
la liberté du roi, et pourrait en même temps stipuler pour la liberté des peuples. Elle viendrait se

réunir à Madrid à ses alliés, et ne serait plus seule gardienne, et pour ainsi dire geôlière, d'un roi captif entre les mains de quelques factieux.

Vos collègues ont dû parler sur ce ton à M. Canning. Pozzo et M. Vincent ont envoyé, pour le même objet, chacun un secrétaire de légation à Londres. Sondez le terrain, et voyez ce qu'il y a à faire.

Le duc de *San-Carlos,* que nous avons fait venir de Genève ; les ducs de l'*Infantado* et *San-Fernando*, qui sont à Madrid, voilà notre régence à peu près trouvée. C'est une grande et importante chose.

Vous avez un ambassadeur : c'est Jules de Polignac. Mais gardez le secret ; il faut que sa nomination ne soit connue que quand la session parlementaire sera close. Si M. Canning vous questionne, vous pouvez lui dire que vous présumez cette nomination, mais que vous n'en avez aucune certitude. Le mieux est de n'en pas parler du tout.

Je suis désolé du mauvais état de la santé du roi d'Angleterre ; je suis sincèrement attaché à ce prince si généreux et si noble. C.

CV.

M. DE MARCELLUS A M. DE CHATEAUBRIAND.

Londres, 26 mai 1823.

Ma dernière lettre du 23 mai a répondu en partie à celle que vous m'avez écrite le 22. Je continue à traiter le gros des affaires dans mes dépêches, comme vous l'avez voulu, et ici les intérêts que vous m'avez recommandés confidentiellement.

Je suis entré hier chez madame Canning, quand le ministre d'Espagne y était encore. La conversation se tenait en espagnol, que M. Canning, sa femme et sa fille ont appris à Lisbonne. L'amiral Jabat, avec lequel j'ai parlé *castellano* pendant trois ans sur les bords du Bosphore, m'a interpellé en cette langue pour me demander quelles nouvelles de l'armée. Je n'en avais pas depuis *Buytrago*. — « Vous devez être à Madrid, » m'a-t-il dit; « jusque- « là point d'obstacles; mais c'est là que la guerre « va commencer. » — C'est bien plutôt là qu'elle va finir, ai-je dit. — « Ah! mon cher ami, vous « ne connaissez pas notre caractère rétif et têtu « (*reacio y testarudo*). »—Non, mais je connais votre amour pour vos anciens rois, pour vos antiques

coutumes. Je vois votre peuple unanimement prononcé contre la constitution des Cortès, et je retrouve là le *verdadero y fiel* Espagnol. — « *Adios*,
« *adios*, » m'a dit M. Jabat en me serrant la main,
« *con la paciencia todo se logra* (la patience vient
« à bout de tout). » — Et il s'est retiré.

« Il vous disait vrai, » a continué M. Canning en
me prenant sous le bras, et me conduisant dans ses
jardins (*pleasure grounds*), où nous sommes restés seuls. Là, pendant plus de deux heures, le
ministre m'a promené dans tous les détours de son
petit parc, de sa capricieuse politique; et si j'ai-
mais les jeux de mots, je ne saurais dire lesquels
sont les plus sinueux. Reprenant alors la conversation qù M. Jabat l'avait laissée : — « Il vous di-
« sait vrai : nous n'avons jamais mis en doute votre
« arrivée à Madrid » (vous voyez que, sur ce point,
le ministre n'a pas la mémoire longue); « et si
« quelque chose nous étonne, c'est que vous n'y
« soyez pas entrés plus tôt. Ce que vous faites le
« 25 mai, nous pensions que vous l'auriez fait le
« 25 avril. » — Moi. Ce ne sont pas les obstacles
militaires qui ont retenu notre marche, mais bien
notre propre volonté, notre modération; et, sous ce
point de vue, vous devez approuver nos délais. —
M. Canning. « Certainement, ces délais sont bien cal-
« culés; et la conduite de monsieur le duc d'An-

« goulême est digne de toute notre estime. » —
Moi. Mais si, comme vous le prétendez, nos progrès
rapides ont été de tout temps prévus en Angleterre,
ils nous ont, quant à nous, démontré une vérité
bien souvent contestée à Londres, même dans le
parlement : c'est que la très-grande majorité du
peuple espagnol est pour nous contre la constitution des Cortès. Nous le savions quand vous en
doutiez, parce que, alliés et limitrophes, nous devions être mieux instruits que vous de l'esprit des
provinces. — « J'en conviens, » a dit le ministre,
« vous avez pour vous le peuple; mais les grands
« vous fuient. » — Ne serait-ce pas aussi le cas d'un
certain ministre en Angleterre, ai-je repris, et en
marche-t-il moins sûrement vers son but? — « Bien
« touché! » a répliqué M. Canning en riant; « mais
« ici les grands sont comme *un* est à *quatre;* et, en
« Espagne, ils sont encore comme *trois* est à *cinq.* »
— Vous êtes mal informé, ai-je dit à mon tour : les
ducs de l'*Infantado,* de *San-Fernando,* de *San-Carlos* sont et travaillent pour nous.—Le ministre a paru
frappé de ces noms et de cette nouvelle.—Il ne nous
manque que le roi, ai-je continué, sans remarquer
son étonnement; et nous aimerions à vous devoir
sa présence à Madrid. — M. Canning. « Mon Dieu!
« nous n'y pouvons rien encore; les événements ne
« sont pas mûrs; nous ne connaissons pas vos pro-

« jets. Cette race royale espagnole mérite si peu de
« confiance ! Et Ferdinand libre nous épouvante,

« Deteriore luto pravus quem condidit auctor. » —

Moi. Tels qu'ils sont ! leur pays les aime ; et d'ailleurs nous ne nous entendons point à ce sujet. Nous
ne demandons d'abord que la liberté matérielle
de Ferdinand ; et celle-là, l'Angleterre l'avait garantie, si je ne me trompe, dans le *Memorandum*
de 1820. Quant à la liberté morale, et quant au
choix des institutions, roi et sujets se consulteront
d'abord, puis ils consulteront leurs conseillers. —
« Ah ! oui, leurs conseillers *armés !* » a dit ironique-
ment le ministre. — Non, ai-je interrompu, leurs
conseillers *neutres;* mais je pense bien qu'ils consulteront aussi leurs libérateurs. — M. Canning. « Te-
« nez, je ne puis raisonner sur des points vagues.
« Nous ne savons rien de vos plans ; et ce vaisseau
« de guerre que j'ai fait partir depuis près d'un
« mois n'est point encore arrivé à Séville. » — Doit-
il remonter le Guadalquivir ? ai-je dit sans affectation. (Je cherchais ainsi à savoir s'il n'était pas destiné à servir d'asile au roi.) — « Non, » m'a répondu
le ministre, « il doit stationner à l'embouchure pour
« attendre les dépêches de sir W. A'Court.

« En tout ceci, nous ne partons pas du même
« principe que vous. Ferdinand ne nous paraît point

« captif, malgré ses dernières lettres et ses impru-
« dentes démarches pour implorer votre assistance.
« Il est clair qu'il adopte certaines mesures admi-
« nistratives contre sa volonté. Mais quel roi fait
« toujours ce qu'il souhaite! Ces branches de lilas
« qui nous embaument, je les ai forcées à se cour-
« ber en berceaux sur nos têtes, et à me donner
« leurs fleurs. Allez-vous dire que je les retiens pri-
« sonnières, et qu'elles en ont moins de parfum ?
« Ferdinand n'est que contraint aussi, mais point
« captif. » — Moi. L'empêcherez-vous donc d'être
transporté aux Canaries ou emprisonné dans Cadix ?
— M. Canning. « Nous blâmerons la chose, si elle a
« lieu. Mais nous n'avons ni les moyens ni le droit
« de nous y opposer. » — Ainsi donc, ai-je continué, l'Angleterre qui a participé jusqu'ici à toutes
les résolutions des cours du continent, qui a joué
un si grand rôle en tête des négociations européen-
nes, demeurera maintenant, dans la question la plus
importante qui ait surgi depuis 1815, obstinément
inactive et silencieuse? Je me perds peut-être dans
mes suppositions; mais il me semble que si une réunion publique (j'ai évité le mot de *congrès*, que je
sais être particulièrement désagréable à M. Canning) ou secrète des cinq puissances avait à stipuler
des institutions de l'Espagne, la France et l'Angleterre, par la nature de leurs propres gouverne-

ments, se trouveraient les plus rapprochées de principes et de volontés.

A cette insinuation, le ministre s'est arrêté tout court auprès d'une touffe de ces mêmes lilas emblématiques ; et comme j'ajoutais : Les Cortès obtiendront de nous des conditions raisonnables, — « Un « moment, » m'a-t-il dit, « il faut que je vous inter- « rompe pour vous faire une confidence. Ce que « vous me dites à l'égard des Cortès est la pensée « de M. de Chateaubriand ; il l'a également expri- « mée à sir Ch. Stuart, qui m'en rend compte dans « sa dépêche officielle. Mais, en même temps, dans « une lettre particulière, pour éviter le danger d'une « manifeste contradiction, cet ambassadeur rapporte « et m'envoie une lettre de M. de Villèle à un homme « puissant ; lettre qui dit tout le contraire, et déclare « qu'on ne peut traiter avec les Cortès. Ce n'est pas « la première fois que je m'aperçois de cette diver- « gence d'opinion entre MM. de Villèle et de Cha- « teaubriand sur la question d'Espagne ; et cela fait « que nous ne savons à qui nous fier. . . . . Au « reste, j'ai des données sûres sur votre position in- « térieure. La guerre d'Espagne vous coûte un mil- « lion par jour ; vos cent millions vous mèneront « jusqu'à la fin de juillet ; là il vous faut de nouveau « convoquer les chambres, et leur demander encore « hommes et argent. » — Je ne crois, ai-je repris, ni à ces confidences détournées, ni à ces conjectures de divisions intestines, ni à ces calculs financiers. L'armée espagnole nous donnera elle-même des hommes. Le duc de Wellington recommande de la reformer promptement sur nos derrières, pour dégager et fortifier ainsi nos bataillons d'avant-garde. Quant à nos finances, il faudra bien les ménager, ai-je ajouté en souriant : car ce ne serait pas aux vôtres que nous pourrions recourir. La réduction de vos taxes, la diminution de l'armée, que le cri public vous impose, votre *sinking-fund* (caisse d'amortissement) presque nul, ou du moins presque absorbé par les dépenses de l'année, ne vous permettraient pas en ce moment d'être d'une grande ressource pour vos voisins ; et je vois bien que, comme vous avez refusé de l'argent aux Espagnols, vous nous en refuseriez aussi par esprit de *neutralité*. Nous tâcherons de nous suffire à nous-mêmes...

Ainsi devisant de ces choses et de beaucoup d'autres que vous disent ou vous diront mes dépêches, M. Canning, sans quitter mon bras, m'a conduit à ma voiture, en me témoignant plus de prévenance et de familiarité que jamais.

Si j'osais conclure, après cette conversation entrecoupée et vagabonde, que, malgré ma prolixité, je suis bien loin de rapporter tout entière, je dirais que le ministère anglais, et même M. Canning, sont fort désireux d'agir diplomatiquement en Espagne, mais qu'ils n'interviendraient pour la délivrance du roi, qu'après avoir connu la forme des institutions nouvelles, et surtout après avoir appris, d'une manière certaine, si elles doivent venir d'un gouvernement provisoire, du roi, des Cortès, de Paris, de Vienne ou de Saint-Pétersbourg.　　　　M.

CVI.

M. DE CHATEAUBRIAND A M. DE MARCELLUS.

Paris, 26 mai 1823.

Je n'ai rien à vous dire aujourd'hui ; il ne faut pas se le dissimuler, rien n'est fini tant que nous n'aurons pas le roi. Comment l'avoir? C'est là la difficulté ; et c'est en cela, je le répète, que l'Angleterre pourrait avoir une influence immense. Sir Henry Wellesley (1) m'a dit quelque chose sur ce point de la part de M. Canning ; mais tout cela a été vague et sans conclusion. Mon opinion est qu'on n'aura le roi que par un coup monté à Séville ou à Cadix. Ne pourriez-vous trouver à Lon-

---

(1) Depuis, lord Cowley.

dres quelques-uns de ces hommes entreprenants si communs dans ce pays, qui l'enlèveraient pour un ou deux millions? Songez à cela (1).   C.

CVII.

M. DE MARCELLUS A M. DE CHATEAUBRIAND.

Londres, 24 mai 1823.

J'apprends par nos chancelleries qu'il est question, dans nos bureaux de la rue des Capucines, de réorganiser les agences consulaires du Levant. Permettez-moi de placer sous vos yeux le petit travail que j'ai présenté, il y a bientôt trois ans, sur ce sujet, à l'un de vos prédécesseurs. Il divise en quatre

---

(1) Je ne répondis rien à cette ouverture de M. de Chateaubriand; mais peu de mois après j'appris que quelques Anglais avaient proposé à M. de Villèle de se rendre à Cadix avec un bateau à vapeur d'une marche supérieure, et d'y enlever le roi par un jour de calme. Le ministre les avait refusés, dans la crainte que les Cortès ne vinssent à s'emparer de ce dénoûment pour emmener le roi en Afrique ou aux Canaries, et que la barque mercenaire, loin d'aider à la délivrance, ne fît que resserrer la captivité.

classes distinctes ces petits consulats : les trois premières classes seraient rétribuées suivant leur importance ; la quatrième, pour laquelle le titre est
une faveur, et non une charge, resterait honoraire.

Une bien modique somme de vingt mille francs,
répartie d'après mon tableau, suffirait pour mettre
au-dessus du besoin des fonctionnaires chez lesquels
flotte le pavillon du roi.

Par pitié, soyez bon pour *Milo,* qui m'a cédé sa
belle Vénus ;

Et aussi pour *Naxos, hérissée d'écueils ;*
Lesbos la divine ;
Lemnos, d'un difficile abord ;
Et *l'humide Samos !*

Homère, qui les a ainsi décrites, il y a trois mille
ans, vous en saura gré.

Qu'ai-je besoin de vous recommander *Zéa,* le séjour du vieux Pangalo, qui vous accueillit si bien
au sein de sa nombreuse famille ? *Famille dans la-*
quelle le consulat de France existe depuis le glo-
rieux règne de Louis le Grand, qui a signé le brevet
de notre aïeul ! — Ne m'avez-vous pas fait lire
vous-même ce témoignage dans une lettre du jeune
agent de Zéa ?

Grâce pour ces souvenirs de nos beaux voyages !
L'Archipel est, comme Jérusalem (mais Jérusalem
avant tout), un de ces points brillants qui, vus une

fois, attirent sans cesse la pensée ou le regard intérieur.   M.

P. S.

A propos d'agents consulaires, je viens d'écrire à
tous nos consuls dans les trois royaumes de m'avertir directement de toute tentative d'armement en
course dans leurs ports, et j'ai recommandé au baron Séguier et à M. Nettement la même vigilance
sur la Tamise.

CVIII.

M. DE CHATEAUBRIAND A M. DE MARCELLUS.

Paris, 27 mai 1822.

Je vous remercie de m'avoir un moment arraché
à tout ce *farrago* de dépêches, et à mon cabinet des
boulevards, pour me faire encore une fois promener
avec vous dans les Cyclades; vous dites vrai : la
Grèce apparaît toujours comme un de ces cercles éclatants qu'on aperçoit en fermant les yeux.... *O ubi
campi ?*... Quand retrouverai-je les lauriers-roses de
l'Eurotas et le thym de l'Hymette ? Là je n'entendais
que le bruit des vagues du Pirée vers le tombeau
détruit de Thémistocle, et le murmure des lointains
souvenirs !!!....

Revenons à l'Archipel. Je ne négligerai rien, je vous
jure, pour que votre projet et vos chiffres triomphent
des lenteurs nonchalantes, des demi-concessions et
des affirmations négatives des bureaux. Que ne puis-
je enrichir ces îles, que nous avons vues, vous et moi,
si pauvres ! *Arva beata, divites et insulas*, comme
disait Catulle ; ce profane Catulle, si vrai poëte, que
Fénelon a cité, comme je le cite moi-même, dans
son admirable lettre à Bossuet sur l'Orient! Relisez-
la, pour oublier un instant les affaires, et même
M. Canning (1). C.

CIX.

M. DE MARCELLUS A M. DE CHATEAUBRIAND.

Londres, 27 mai 1823.

Vous avez lu ce que je vous écrivais hier 26. —
Aujourd'hui 27, tout est changé. Voici les nouvelles qui, sans doute, vous sont connues. Je les cite
néanmoins, et sans commentaires.

---

(1) M. de Chateaubriand, qui gardait copie de presque toutes ses lettres, a remanié celle-ci dans ses *Mémoires d'outre-
tombe;* mais la révision et la paraphrase de 1839 lui ont ôté
beaucoup de sa primitive simplicité.

Un courrier de Madrid du 17 annonce que cette capitale nous souhaite, nous implore; qu'Abisbal et divers autres chefs demandent eux-mêmes des changements à la constitution; qu'ils secondent nos vœux, et se rendent ainsi médiateurs entre Madrid et Séville. — D'un autre côté, deux courriers de Séville, venus par mer, partis le 9 et le 15, dénoncent une complète anarchie; désertion générale; pas une piastre. On ne craint plus ni Cadix ni les Canaries; le roi va être libre; les Cortès vont se rendre, et tout se décide en notre faveur.

Sur ces faits, consignés dans des dépêches officielles, je n'ai point cherché M. Canning : n'est-ce pas à lui à me chercher? Il a eu hier une audience du roi, que depuis un mois il n'avait pas vu, pour lui communiquer ces heureux événements. Le roi les a accueillis avec joie, oubliant quelle bouche les donnait, et en a fait part au duc d'York : celui-ci les a répétés; la société en est pleine : l'Opposition en est abattue : voilà la fin de la guerre. On m'entoure, on vient à moi; et hier, ce matin même encore, voici ce que me disaient le duc de Wellington, lord Harrowby, M. Peel, lord Westmoreland, les sous-secrétaires d'État, les amis de M. Canning, ses confidents intimes, etc., etc. : « La Providence est pour « vous : vous aviez raison. Voilà la dynastie des « Bourbons à jamais consolidée! Vous avez conquis

« une influence réelle sur le continent ; une armée
« fidèle ; des finances florissantes ; un héritier de la
« couronne qui s'est acquis autant de gloire par
« son courage que par sa modération ; deux minis-
« tres hommes d'État, MM. de Chateaubriand et de
« Villèle, qui se sont assis pour longtemps au gou-
« vernail. Qu'ils achèvent ! Qu'ils fassent taire les
« haines, les rancunes ! Dites-leur de ne pas abuser
« du triomphe, de ne pas nous négliger. Qu'ils ou-
« blient notre jalousie, nos injures ! Qu'ils nous ad-
« mettent à leurs conseils ; qu'ils ne repoussent pas
« nos avis ! Ils sont maîtres d'imposer toute institu-
« tion à l'Espagne ; mais que ces institutions soient
« basées sur une liberté raisonnable ! Ils auront ainsi
« à la fois pacifié la Péninsule, et vaincu l'Angleterre
« en générosité. Vous avez été l'interprète de nos
« excès, M. de Marcellus ; vous en avez souffert ;
« vous avez été inquiété, insulté ; oubliez tout vous-
« même, et ménagez ce rapprochement. »

Je n'exagère pas : voilà le langage que j'entends
de tous côtés depuis vingt-quatre heures. Je réponds
en parlant de la haute sagesse de monseigneur le duc
d'Angoulême, des sentiments si noblement exprimés
dans vos discours, et du penchant secret que je vous
ai toujours connu pour l'Angleterre, véritable sol
de la liberté ; penchant que ses récentes injures
n'ont pas affaibli.

18.

Si, en effet, nous sommes déjà vainqueurs et arbitres des institutions en Espagne, ne serait-il pas utile autant que généreux d'appeler aujourd'hui l'Angleterre à la discussion? Et si, comme je le pense, et ne puis que le conjecturer, nous désirons un gouvernement représentatif en Espagne, le cabinet de Londres ne pourrait-il nous servir de contre-poids envers le cabinet de Saint-Pétersbourg?

M.

CX.

M. DE CHATEAUBRIAND A M. DE MARCELLUS.

Paris, 29 mai 1823.

Je reçois votre lettre du 27 au soir. Nous ne croyons pas ici à toute l'étendue de ces bonnes nouvelles, que nous ne savons encore que par Londres. Mais, comme vous, nous croyons que nous touchons au dénoûment. Une chose excellente, c'est d'avoir trouvé à Madrid l'*Infantado,* qui a vu monseigneur le duc d'Angoulême, et qui accepte la présidence de la régence qu'on va former. La défection d'Abisbal est aussi très-certaine; mais elle n'a pu produire son fruit immédiatement. En tout, vous pouvez regarder la chose comme *à peu près* finie. Il dépend de l'Angleterre de mettre un terme à cet *à peu près*, en réclamant à Séville la liberté du roi. Son rôle sera encore superbe; mais elle n'a plus qu'un moment pour le jouer : car, si elle ne veut pas se mêler de la fin, la fin arrivera sans elle.

Oui, j'aime l'Angleterre et son gouvernement. Je suis prêt à me réunir au cabinet britannique pour établir la paix et une sage liberté en Espagne. Mais pourquoi ce cabinet ne connaît-il pas mieux ses intérêts et ses amis? Pourquoi ne profite-t-il pas du dernier moment qui lui reste pour couper court à cette agonie de la faction des Cortès en Espagne? Qu'il parle à Séville; et, sur un mot ferme, Ferdinand revient dans sa capitale, et tout est fini.

C.

CXI.

M. DE MARCELLUS A M. DE CHATEAUBRIAND.

Londres, 30 mai 1823.

Il me paraît que le 27 de ce mois, date de votre dernière lettre, vous ignoriez à Paris les change-

ments survenus dans les affaires d'Espagne. C'est
de Séville que nous sont arrivées les lettres de
Montijo et d'Abisbal. Je ne sais si je m'abuse, mais
il me semble que les conditions proposées par ce
dernier sont telles que nous eussions pu les dicter
nous-mêmes dans un conseil tenu aux Tuileries. Je
dois croire que ma lettre du 27, que je vous ai ex-
pédiée avec toute la promptitude possible, vous a
annoncé, la première, ces grandes nouvelles, et la
forte impression qu'elles ont produite ici. Je vous
répète que les Cortès sont désunies, qu'elles n'ont
pas un denier; que la division est dans Séville et
dans les provinces avoisinantes; qu'on attend chaque jour l'évasion ou l'enlèvement du roi; qu'on ne
pense point à aller aux Canaries; et pourtant je ne
sais quoi me dit que nous ne sommes pas encore
au bout. — Ici néanmoins, depuis trois jours, même
langage, même confiance en nos succès. Les mêmes
parieurs qui gageaient pour nos revers, gagent
pour nos rapides triomphes. On regarde la guerre
comme terminée; et tous les esprits se tendent,
comme les regards, vers les négociations consti-
tutives. « Tout va au mieux, » me disait hier M. Peel;
« vous avez bien mérité de l'Europe, et même de
« l'Angleterre. » — « Achevez votre ouvrage, » ajou-
tait lord Westmoreland : « chassez tous ces conspi-
« rateurs réfugiés, et pendez sir Robert Wilson. »

J'ai répondu, à ces ministres, qu'après comme avant, nous n'avions qu'un langage et qu'une pensée ; que le roi, d'accord avec ses sujets, devait choisir ou régler leurs institutions, et que nous nous bornerions aux conseils.

Si, comme je le pense, nos vœux sont pour un gouvernement monarchique et représentatif, l'Angleterre nous prêtera son appui, et c'est alors qu'un rapprochement réel peut s'opérer entre les deux cabinets. Le bruit court que le général Pozzo part pour Madrid. Voulez-vous m'en croire? demandez la délivrance de Ferdinand à l'Angleterre, en lui disant que vous souhaitez une monarchie représentative, et que M. le duc d'Angoulême attend le duc de Wellington pour en causer à Madrid avec lui d'abord, puis avec les autres plénipotentiaires du continent, et ses anciens amis de la Péninsule. Ici, vous plairez à tout le monde, et vous aurez ce que vous voudrez.

Un mot sur l'esprit des gazettes de Londres en ce moment. Le *Courier*, presque hostile depuis un mois, et jouant à la baisse, déclare cependant le premier que la guerre d'Espagne touche à sa fin. Le *Star*, devenu l'interprète irrégulier et indirect de M. Canning, annonce le prompt retour de la paix. Le *Morning-Chronicle* n'ose plus en douter; mais il blasphème contre pacificateurs et pacifiés. Le *Times*

avoue comme malgré lui que les circonstances sont
favorables au ministère français ; et le *New-Times*,
en provoquant la coopération de l'Angleterre, pro-
clame d'avance notre modération et notre générosité.

M. Bresson, qui revient des États-Unis, m'a
donné, sur la situation de l'Amérique, les informations qu'il vous porte, et qui vous paraîtront pré-
cieuses sans doute. Je le recommande vivement à
toutes vos bontés.   M.

CXII.

M. DE CHATEAUBRIAND A M. DE MARCELLUS.

Paris, 2 juin 1823.

Je vous dirai, en grande confidence, que nos alliés du continent, inquiétés et jaloux de nos succès,
mettent quelques entraves à la réunion d'un corps
diplomatique près de la régence à Madrid ; c'est le
prince de Metternich qui est l'âme de cette intrigue,
et qui a chapitré le bon vieux roi de Naples, entre
une chasse et l'autre, pour contrarier notre marche
et notre plan. Celui-ci élève tout à coup des prétentions comme héritier direct de la couronne d'Espagne, et il veut que tout se fasse en son nom. Rien

ne sera légitime à Madrid, s'il n'a d'abord reconnu cette légitimité, pas même la régence actuelle. Louis XVIII est furieux; et le chef des quatre branches de la maison de Bourbon, piqué au jeu, se retourne contre ses cadets. Ne laissez rien voir de tout ceci à vos collègues; seulement épiez les paroles qui pourraient jeter quelque lumière sur ces ténébreuses menées du prince de Metternich, auxquelles l'Angleterre pourrait bien n'être pas étrangère, et que l'un de ses ministres au moins verrait sans beaucoup de déplaisir. J'espère toujours que les événements iront plus vite que la malveillance. Gardez cela pour vous, je vous prie.

L'affaire d'Abisbal vous a plus occupés à Londres que nous à Paris. Je vois que, si nous avions eu des gens plus adroits auprès de monseigneur le duc d'Angoulème, on aurait pu tirer grand parti de cet incident.

Paris, 2 juin 1823 (à deux heures de l'après-midi).

Je reviens sur quelques détails. La Russie a définitivement nommé son chargé d'affaires auprès de la régence, et donne ainsi le signal et l'impulsion. Cet agent part cette semaine avec notre nouvel ambassadeur. Cela démanche l'affaire du prince de Metternich; il sera à son tour obligé de suivre. Tout cela pour vous seul.   C.

CXIII.

M. DE MARCELLUS A M. DE CHATEAUBRIAND.

Londres, 3 juin 1823.

Voici ce que je connais des dispositions actuelles de M. Canning. J'en juge de loin, car n'ayant rien de nouveau ou rien de précis à lui dire, je n'ai point cherché à le voir. On n'a pas de Séville des nouvelles plus récentes que celles du 17 mai, dont je vous ai rendu compte dans ma dépêche officielle. Le porteur en était M. Ogorman, secrétaire-interprète de la légation anglaise en Espagne, lequel apportait aussi la ratification définitive de l'arrangement conclu pour les réclamations du commerce britannique; car, tout en brouillant les affaires des autres, M. Canning n'a pas négligé de faire, ou du moins de régler les siennes. Ces nouvelles du 17 présentaient, comme les précédentes, un caractère tellement favorable à notre cause et à une fin de crise, qu'elles ne purent rester cachées; mais bientôt le ministre, revenant sur l'effet qu'elles avaient dû produire, affecta de soutenir que rien n'était changé dans la position des choses; que de Séville étaient parvenus peu de détails fixes ou importants, que l'entrée à Madrid, depuis longtemps prédite, ne pouvait surprendre personne, ni donner lieu à de nouvelles combinaisons. Tel était son langage public; car il est trompé dans ses vœux, dans ses prophéties : nos succès le blessent et font ressortir davantage l'inconvenance de ses discours parlementaires et de sa partialité. Dans le secret de son cabinet, il convient cependant que nous approchons de·la fin; il souhaite même agir pour la hâter : mais il a un prétexte pour l'inaction, dans l'ignorance profonde où on le laisse, dit-il, sur les projets des puissances continentales à Madrid. Il répète à ce sujet que les deux chefs du ministère français ne s'entendent pas, et que la divergence d'opinion, si frappante depuis le début des affaires d'Espagne, entre MM. de Chateaubriand et de Villèle, n'a jamais été plus signalée qu'aujourd'hui. Il ne serait pas éloigné même de désigner une ville d'Espagne, Cordoue par exemple, pour y traiter des grands intérêts de la Péninsule; mais il conclut en disant que les Cortès, d'un côté, n'indiquant point les termes de leur capitulation, la France, de l'autre, n'expliquant ni ses projets ni ses vœux pour les institutions futures de l'Espagne; l'Angleterre ne peut rien tenter, ni même rien promettre pour la délivrance de Ferdinand.

Ceci m'était répété hier, mais en termes moins

précis et moins hostiles par lord Liverpool. Ce premier ministre a ajouté que si la faible division existant dans le conseil britannique, et qu'il était inutile de me dissimuler, est préjudiciable aux intérêts d'une puissance neutre, la division évidente du ministère français est bien plus pernicieuse encore, puisque la France est belligérante et active.

J'ai tout nié; mais je ne puis me flatter de vaincre à moi seul les salons de Paris et les lambeaux de nouvelles de sir Ch. Stuart, dont vous avez reconnu là l'influence.

« Voilà la fin des affaires d'Espagne, » me disait récemment le duc de Wellington, « je l'avais prévu, « et j'avais souhaité vos succès, tout en blâmant « votre intervention; mais j'ai blâmé plus encore « nos emportements parlementaires, notre humeur « et notre partialité politiques. Ils ont placé l'Angle- « terre dans la position la plus fausse; ma cons- « cience est tranquille du moins, et, quant à moi, « je n'ai rien à me reprocher. »   M.

CXIV.

M. DE CHATEAUBRIAND A M. DE MARCELLUS.

Paris, 5 juin 1823.

Depuis ma dernière lettre, il m'est arrivé un courrier de Pétersbourg, et un autre de Vienne. Le prince Metternich m'écrit, de sa propre main, une lettre tout obligeante et pleine de reconnaissance pour ce que j'ai fait. Il parle à peine du roi de Naples, et m'annonce qu'il a envoyé à Madrid un agent diplomatique; c'est M. Brunetti. — De la part de la Russie, même concours. L'empereur me comble personnellement de bontés, et Pozzo reste libre d'aller lui-même à Madrid, ou d'y envoyer M. Bulgari, qui serait bientôt suivi d'un ambassadeur. Ainsi voilà les affaires bien arrangées. Castelcicala et Metternich ont renoncé d'eux-mêmes à une petite intrigue qui nous aurait pu faire bien du mal. Gardez encore le secret sur tout cela.

Est-il vrai qu'un banquier, M. Coke, ait prêté deux cents millions aux Cortès? Cela paraît de la démence. Tâchez de savoir le fond de cette affaire.

Bordesoulle a dû se mettre en marche sur Séville le 2 de ce mois. Il y arrivera le 17, et alors que sera

devenu le roi? Ne parlez pas de ce mouvement,
parce qu'il est possible que quelque chose le con-
trarie.

Le *Moniteur* d'aujourd'hui contient l'ordonnance
pour la vente de nos vingt-trois millions de rente.
N'est-ce pas prodigieux de nous voir, au milieu
d'une guerre, nous débarrasser de nos dettes, et
nettoyer le trésor du papier qui l'encombrait? Ce
coup hardi ne peut avoir que le meilleur effet sur
l'esprit public, et donner une idée juste et honorable de notre crédit, de notre résolution et de
nos ressources.   C.

CXV.

M. DE MARCELLUS A M. DE CHATEAUBRIAND.

Londres, 6 juin 1823.

Vos deux lettres du 2 juin m'ont donné avis des
obstacles mis par les cours de Vienne et de Naples à nos négociations à Madrid. M. Canning me
paraît en être instruit : car il m'a demandé, avec
empressement et d'un air narquois, si le chargé
d'affaires d'Autriche près de la régence partait aussi

avec notre ambassadeur. Le comte de Lieven, re-
culé et à l'abri derrière les glaces du Nord, ignore
entièrement jusqu'ici cette intrigue méridionale, dont
je n'ai laissé rien entrevoir à personne. Le prince
Esterhazy a reçu un courrier de Vienne, et l'a réexpédié sur-le-champ. Je ne lui en demandais pas le
motif; voici celui qu'il m'a donné. Les dépêches
qu'il avait à communiquer ici, soit en les remet-
tant, soit en les lisant, comme c'est l'usage de sa
cour, lui ont paru trop tranchantes et trop vitupé-
ratives de la conduite de l'Angleterre. Il a pris sur
lui de les supprimer entièrement et de solliciter des
documents plus conciliants et plus adoucis. « Il est
« essentiel, » m'a-t-il dit, « que le système si heu-
« reusement adopté à Londres entre nous, Lieven,
« Werther, vous et moi, si fermement défendu con-
« tre les attaques de *tout venant*, n'éprouve aucune
« atteinte, et qu'aucune des nuances d'opinion qui
« peuvent séparer les quatre cours sur le continent
« ne se reproduise dans ses quatre représentants
« ici. »

En effet, M. Canning ayant cherché à nous diviser à Vienne, à diviser le gouvernement à Paris,
cherche encore à nous diviser à Madrid, et à diviser
monseigneur le duc d'Angoulême des deux chefs de
notre ministère. Sa conduite nous a donc détermi-
nés ici à nous montrer bien plus unis d'intentions

et de principes que nos cours ne le sont réellement,
et à lui présenter toujours un front inexpugnable.

Si les prétentions de la cour de Naples, soutenues
ou suscitées par la cour de Vienne, sont un mys-
tère impénétrable à Londres, l'action du ministère
anglais à Séville ne l'est pas moins. Mais les inquiétudes de M. Canning et ses impatiences me prou-
vent qu'il a transmis à sir W. A'Court des instructions
pour agir, et pour agir dans un sens favorable. De
longs entretiens ont eu lieu entre lui, lord Liverpool et le comte de Toreno. Les autres ministres n'en
sont point; le secret n'a pas encore transpiré.

M. Canning m'a prié de le voir, et il n'avait rien
à me dire; il voulait m'écouter, et je ne parlais
pas. Enfin, *Rien de nouveau,* m'a-t-il dit; c'est toujours ainsi qu'il commence. *Tout va bien,* ai-je dit
à mon tour; c'est toujours ainsi que je réponds.
— « Oui, vous avez Tolède, et vous poussez une
« pointe vers Séville. Je ne me rends pas bien
« compte de ce mouvement. Sir Ch. Stuart ne m'en
« parle pas. C'est peut-être un coup de partie. » —
Les événements vont vite, ai-je repris, et cette affaire d'Espagne touche à sa fin. — « Nous sommes
« toujours ici dans la même incertitude, » a-t-il continué. « Qu'exigez-vous des Cortès? Quelles institu-
« tions donnerez-vous à l'Espagne? Quelles condi-
« tions voulez-vous imposer à la capitulation de

« Séville? Voilà ce qu'il nous faudrait savoir pour
« coopérer à la délivrance du roi. » — Ce sont autant de questions à adresser à ma cour, ai-je
répondu; mais il n'est peut-être plus temps de négocier à Paris et à Londres, quand tout se traite
entre Séville et Madrid. —

Lord Liverpool est entré. Nous avons suivi ensemble les mouvements de nos armées sur la carte.
« Où donc est Abisbal? » m'a demandé le premier
ministre; « sert-il vos projets? Sur sa lettre, nous
« avions cru tout terminé; mais il n'est plus ques-
« tion de lui. » — J'ai laissé ensemble les deux ministres; et, en me reconduisant, M. Canning m'a
dit : — « J'attends impatiemment un courrier de
« Séville; venez me voir, je vous prie, dès que
« vous le saurez arrivé. »

Le duc de Wellington ne s'écarte en rien de son
système. Dans les lettres qu'il a écrites régulièrement
à Alava et à ses amis, il n'a cessé, m'a-t-il dit, de
leur expliquer qu'il était insensé de compter sur la
défection de l'armée française, ou sur la résistance
du peuple espagnol; qu'il fallait négocier et céder
à la raison et à la modération, « surtout, » a-t-il
ajouté en souriant, « quand elle était la plus forte. »

M.

19

CXVI.

M. DE CHATEAUBRIAND A M. DE MARCELLUS.

Paris, 8 juin 1823.

Je ne vous ai point écrit par le dernier courrier, parce que je n'avais rien à vous dire. Je n'ai pas grand'chose à vous dire encore aujourd'hui, si ce n'est que la régence va envoyer un agent à Londres, lequel, selon l'accueil qu'on lui fera, déploiera, ou non, son caractère. Sur un mot de sir Ch. Stuart, je ne serais pas étonné qu'il fût assez bien reçu. Il est probable que le roi a quitté Séville le 4, à moins qu'un mouvement ne s'y soit prononcé; mais je ne compte pas sur ce mouvement : les honnêtes gens ont toujours peur : c'est leur nature.

Nous bloquerons les Cortès dans Cadix par terre, par mer; ce n'est plus qu'une affaire de temps et de patience. Il est déplorable de voir l'Angleterre suivre pas à pas les geôliers du roi, et s'enfermer avec eux dans leur prison dernière. Quel rôle! et combien cette puissante Albion s'est volontairement abaissée!

Notre emprunt va aux nues : on se l'arrache; et

il y a autant d'empressement ici pour le prendre que d'empressement là-bas pour refuser l'emprunt des Cortès.

Dites-moi encore un mot de la presse de Londres ; j'ai à peine le temps de jeter un regard sur celle de Paris. Vous savez que j'ai toujours aimé sa liberté, malgré les inconvénients de sa licence. Des injures ! Qu'importe? Que sont de misérables intérêts d'amour-propre auprès d'un principe inhérent au gouvernement représentatif? M. Pitt a été constamment assailli de sottises, et pourtant son nom et sa gloire demeurent. Expliquez cela de ma part à M. Canning, sans oublier de lui citer M. Pitt ; il verra que je suis sincèrement ami de la charte, et quel cas je fais des insultes quotidiennes qui m'arrivent d'outre-Manche. C.

CXVII.

M. DE MARCELLUS A M. DE CHATEAUBRIAND.

Londres, 9 juin 1823.

Rien de nouveau de Séville; le ministère britannique est fort préoccupé de notre expédition vers cette province, et des divers actes de la régence.

19.

Il reconnaît les difficultés de sa position, dont il accuse M. Canning. Ce ministre, de son côté, est plus inquiet encore. Il ne sait que répondre. « Ce mou- « vement sur Séville est inexplicable, » disait-il hier : « j'étais donc mal instruit. Quoi ! le prince « généralissime a ainsi vingt mille hommes à sa dis- « position ! Sir W. A'Court doit être dans un grand « embarras. Mais que faire? Les Français seront à « Séville avant le courrier que j'y enverrais. Je ne « dis pas que précédemment je n'aie engagé sir W. « A'Court à favoriser la délivrance conditionnelle « de Ferdinand ; mais aujourd'hui, ordonner à notre « ministre de se réunir au corps diplomatique en « Espagne, ce serait ôter à la sûreté personnelle du « roi son dernier garant. Sir W. A'Court suivra « partout Sa Majesté Catholique. Si nous nous som- « mes trompés dans nos conjectures, ne nous trom- « pons plus. Ce serait une faute politique de déta- « cher aujourd'hui de Ferdinand notre ministre; « mais que vont devenir nos réclamations, nos re- « lations commerciales, notre influence en Espa- « gne? etc., etc. » — Dans ces perplexités, M. Canning attend avec une impatience redoublée un courrier de Séville. Il est très-agité au fond de l'âme. En apparence, il se rapproche de ses collè- gues; il parle des intérêts monarchiques; il a vu deux fois le roi, qui a été très-satisfait de sa con-

versation et d'un certain retour aux anciens principes. Je ne crois pour mon compte, en ce moment,
ni à la sincérité ni à la durée de ce retour.

Sed flecti poterit, mens est mutabilis illi.

Si mes deux dernières dépêches officielles ne vous
avaient pas assez rassuré sur le prétendu emprunt
des Cortès, dont vous me parlez dans votre lettre
du 6, je vous dirais qu'il n'en a pas été question
pendant plus de vingt-quatre heures, et que toutes
les spéculations se dirigent vers notre emprunt des
vingt-trois millions de rente. On dirait la guinée
anglaise aimantée : car elle se tourne toujours vers
le pôle vainqueur.   M.

CXVIII.

M. DE MARCELLUS A M. DE CHATEAUBRIAND.

Londres, 13 juin 1823.

Toujours rien de nouveau ; point de courrier de
Séville. Chacun de nos progrès pacifiques à Madrid
trouble le ministère britannique. J'ai tort de dire le
ministère : cette désignation collective ne peut pas

s'appliquer à un corps d'individus si divers dans
leurs vœux. C'est donc M. Canning, lord Liverpool
et M. Robinson, que le souvenir de leurs discours
et de leur conduite passée alarme; les autres ministres, et le duc de Wellington à leur tête, se réjouis-
sent hautement de la tournure que prennent les affaires.

Le roi s'est expliqué: « Quelques-uns de mes mi-
« nistres, » a-t-il dit, « cherchent à jouer un rôle
« dans la Péninsule, à donner des conseils aux vain-
« cus, et même aux vainqueurs. Je les retiens, et
« je m'y oppose. Neutralité entière. Les Français
« sont forts ; le duc d'Angoulême est sage : laissons-
« les faire. Nous leur avons nui par nos paroles, ne
« leur nuisons pas par nos actions. »

Depuis la conversation que Sa Majesté eut avec
moi dans l'audience publique, et l'article outrageux
du *Times* qui en fut la suite, le bruit s'est répandu
en Irlande, en Écosse et dans les provinces, que,
comme son père, le roi était devenu fou. Georges IV
le sait; et c'est en partie pour démentir ces rumeurs
que, malgré un accès de goutte récent, il a paru
aux courses d'Ascot, dans les environs de Windsor.
Sa santé s'est considérablement affaiblie. Si même
les attaques de goutte ne deviennent pas moins fréquentes et moins douloureuses, les médecins intimes
pensent que l'hiver prochain pourrait être fatal au

roi. C'est pour prévenir les effets de la mauvaise saison qu'on parle sérieusement d'aller prendre les eaux du continent. Ce voyage sera définitivement résolu ou rejeté vers la fin du mois,

Le comte de Ludolf, ministre de Naples, m'a parlé de l'opposition momentanée mise par sa cour à notre ingérence dans les affaires espagnoles comme d'un obstacle levé aussitôt. M. Canning connaît cet incident, et même celui d'un prétendu voyage de la reine d'Étrurie à Madrid. « Cette démarche de la « cour des Deux-Siciles, » m'a-t-il dit, « est fanfa- « ronne, irréfléchie, et porte un caractère tout na- « politain. Tout le flegme et la gravité de l'Autriche « ne sauraient lui donner du poids. » — Quant à moi, je ne crois pas l'intrigue austro-napolitaine entièrement terminée partout : mais ici, je vous le répète, elle n'a pu ni germer ni s'enraciner, grâce à l'union intime que mes collègues du continent et moi nous avons constamment présentée au minis- tère britannique comme un bouclier inamovible, ou plutôt comme un *carré* qu'on ne saurait entamer.

L'intérêt public semble se réveiller un moment ici pour la cause des Cortès; mais il ne se manifeste que par des *meetings*, pour tenter d'établir en leur faveur des souscriptions pécuniaires, qui ne seront ni générales ni productives.   M.

CXIX.

M. DE CHATÉAUBRIAND A M. DE MARCELLUS.

Paris, 16 juin 1823.

Tandis que vous faites des souscriptions pour les Cortès, les Cortès se préparent à aller les recueillir à Londres. Nous en sommes à savoir si le roi ira se faire prendre à Cadix, ou bien s'il restera à Séville, où Bordesoulle doit être arrivé aujourd'hui même...

Mais n'est-il pas singulier que vous ne sachiez rien à Londres de la contre-révolution de Portugal que tous nos journaux vous apprendront? Est-ce les vents, est-ce un *embargo* qui retiennent les vaisseaux dans le port de Lisbonne?

Je n'ai rien à vous dire de plus, sinon que la Providence paraît s'être visiblement déclarée pour nous et pour la cause de toutes les monarchies de l'Europe.

J'ai porté au roi votre dépêche du 13; je lui avais lu aussi votre lettre du 6.   C.

CXX.

M. DE MARCELLUS A M. DE CHATEAUBRIAND.

Londres, 17 juin 1823.

L'agent de la régence d'Espagne est arrivé. Les ambassadeurs de Russie et d'Autriche, qui étaient instruits de la mesure, la désapprouvent. Je ne partage point leur avis, bien que je sois persuadé, comme eux, que cet agent ne sera pas reconnu avant la délivrance de Ferdinand; mais sa présence, qui n'offre nul danger, augmentera les embarras des trois ministres dissidents, mettra les autres à l'aise, et redoublera le désir qu'ils ont tous d'en finir.

Les réfugiés espagnols, les Cortès et leurs nombreux agents sont de nouveau à la mode à Londres. L'Opposition les protége, et les partisans du ministère, liés quelque peu par leur passé, guidés surtout par un sentiment d'humanité réelle, les favorisent aussi par routine.

Lady Jersey, qui n'a pas renoncé au rôle de femme politique, a imaginé un *grand bal d'assistance aux principes de la constitution des Cortès,* (c'est le ti-

tre de l'affiche) à 5 livres sterling le billet (125 fr.).
On en rit ; mais on ira par singularité, et surtout
parce que les billets sont très-chers.

Le duc de San-Lorenzo, que je rencontre souvent,
peu enthousiasmé de son ovation éphémère, m'exprime chaque fois son vif désir de voir finir la
guerre, et de pouvoir retourner à Paris, obscur et
ignoré, pour ne plus quitter notre capitale.

Vous avez vu, dans le grand *meeting* en faveur
des Espagnols, la violente sortie de l'éditeur du *Sun*
contre nos prétendues séductions. Le fait est qu'un
de nos agents très-subalternes avait eu la maladresse de promettre au directeur de ce journal
toutes les nouvelles de l'ambassade française à Londres. C'était, par le temps d'agiotage qui court, promettre une montagne d'or ; en effet, l'éditeur du
Sun, M. Mudie, se présenta trois fois à ma porte,
et, à la fin, me fit écrire un billet pour me demander d'entrer en communications politiques avec moi.
Je ne voulus ni le recevoir ni lui répondre, et j'ai
tout lieu de m'en applaudir, puisqu'il vient de déclarer au public que c'était un piége qu'il m'avait
tendu.

M. Canning m'ayant parlé avec quelque malice
de cet incident, et nous croyant toujours de grands
suborneurs de la presse, je lui ai raconté toute la
conduite de M. Mudie à mon égard, ses sollicita-

tions réitérées, et mon silence obstiné. J'ai ajouté
que l'on avait bien mal à propos attaché à Paris une
certaine importance à ce journal, le *Sun*, surtout
parce qu'on le considérait comme son organe à lui-
même, M. Canning. Le ministre, sans me désabuser,
s'est mis à rire; puis, il s'est écrié : « Maudits jour-
« naux ! on ne sait jamais la veille pour qui ils
« seront le lendemain... et toujours si friands de
« nouvelles !... Certes, ils pratiquent bien mal le
« précepte d'Horace :

> « Arcanum neque tu scrutaberis ullius unquam. »

— On fait beaucoup de bruit de l'expulsion de
Paris de lady Oxford, de mistriss Hutchinson et de
madame de Bourcke; on avait ajouté à ce trio fé-
minin le nom de lord Holland. Je me suis aperçu
que cet acte de rigueur envers un pair d'Angleterre
mécontenterait beaucoup ici l'aristocratie; suis-je à
temps de le prévenir? Il allait à Paris soigner un
fils dangereusement malade. En 1821, il y eut, de
la part de la cour de Vienne, ordre de ne pas le laisser pénétrer en Italie. Nous sommes assez forts pour
être plus généreux, et pour pardonner à quelques
femmes.

Je réponds à votre question, et voici en ce moment où en est la presse quotidienne à Londres.

Le *Morning-Chronicle* et le *Times* ont repris le

cours de leurs inconvenantes personnalités; mais le *Morning-Herald*, leur pâle image, a depuis trois mois servi nos intérêts et publié nos louanges. N'est-ce pas là le prophète Balaam appelé pour maudire Israël, et le bénissant? La piquante correspondance de Madrid que publie périodiquement le *Morning-Herald*, en révélant l'impopularité de la constitution des Cortès et l'accueil fait à nos troupes, lui a valu ici un grand nombre d'abonnés. Dès lors, ce journal n'a pas hésité à sacrifier la politique à la spéculation, et il continue à offrir à ses nombreux lecteurs des tableaux de Madrid et des provinces voisines de tout point favorables à nos vœux.

Vous aurez remarqué ce qu'un jour de cet hiver le flegmatique M. Peel a dit avec une grande autorité aux Communes : — « Quand la presse abuse de « la liberté qui lui est accordée dans ce pays, cette « licence porte avec elle un remède certain; et c'est « une conséquence naturelle de l'exagération des « journaux, d'affaiblir eux-mêmes le crédit et l'in-« fluence dont ils cherchent à se prévaloir. »

M.

CXXI.

M. DE CHATEAUBRIAND A M. DE MARCELLUS.

Paris, 19 juin 1823.

Je reçois à l'instant de Madrid la confirmation des bonnes nouvelles du Portugal. La contre-révolution y a été consommée le 3, et le roi et la famille royale rendus à leur pleine et entière liberté. Cela est immense pour nous par les résultats, et cela finit richement la guerre d'Espagne. Maintenant que Ferdinand VII soit emmené à Cadix (comme je le crois toujours), cela prolonge de quelques moments la lutte, et voilà tout.

Bourmont et Bordesoulle doivent être au plus tard aujourd'hui à Séville. Il est aisé de remarquer un redoublement d'humeur dans une portion du ministère anglais, à mesure que nos succès augmentent et que les choses tirent à leur fin. Cela passera, et l'Angleterre sentira bientôt la nécessité de ne pas se brouiller avec l'Europe par amour pour les jacobins d'Espagne.   C.

CXXII.

M. DE MARCELLUS A M. DE CHATEAUBRIAND.

Londres, 20 juin 1823.

Les vents continuent à être contraires : point de
nouvelles directes de Séville ni de Lisbonne. Les
souscriptions pour les Cortès et les *bals de secours*
vont leur train. On ne peut se le dissimuler, l'opinion publique se nourrit de son fiel contre nous, le
répand et le propage. Le meilleur contre-poison,
c'est notre parfaite sécurité en Espagne, nos progrès et le commencement de la fin.

Ici, la querelle intestine du ministère s'envenime.
M. Canning est plein d'aigreur ; ses collègues lui
reprochent d'avoir rendu la neutralité de l'Angleterre hostile à la France, quand elle devait être plutôt bienveillante pour nous. « Je les avais avertis, »
me disait hier le duc de Wellington, « je savais
« comment finirait l'affaire. Ils ont agi suivant leurs
« idées de ressentiment ; qu'en résulte-t-il ? Que
« tout se fait sans nous, ou malgré nous. Nous som-
« mes séparés du continent. *Penitus toto orbe di-*
« *visos.* » (Voilà le guerrier lui-même devenu *sco-*

lar. C'est une mode qui prend.) « Nous sommes
« sans nouvelles..... Eh bien! nous avons mérité
« d'être laissés de côté, et notre rôle en tout ceci
« n'a pas été ce qu'il devait être. »

Pour sortir de cette position si fausse envers ses
collègues, M. Canning fera tôt ou tard des pas vers
nous. Je le rencontre souvent ; mais, après le *Quid
novi fert Iberia?* qui sort toujours de sa bouche, et
ma réponse, nous parlons des événements de Lisbonne ou des transactions du parlement.

Le courrier *Albanez*, porteur d'une lettre de la
régence pour M. Canning, est arrivé ici le 19. Il a
remis sa lettre ; on lui a expliqué au *Foreign-office*
que, s'il y avait une réponse, on l'enverrait directement à Madrid par un courrier anglais. Cet *Albanez* s'est présenté ici à la légation espagnole, où il
a été fort mal reçu.

On prétend que l'anniversaire du 7 juillet va être
célébré ici par les réfugiés espagnols. Quelle scan-
daleuse atrocité! Je ne veux pas y croire.

M.

P. S. M. de Bacourt, attaché à la légation des
États-Unis, est depuis quelques jours à Londres. Il
me paraît, sur tous les points, digne de votre bien-
veillance, et je la sollicite pour lui.

CXXIII.

M. DE MARCELLUS A M. DE CHATEAUBRIAND.

Londres, 21 juin 1823.

Ces jours-ci, un membre de la chambre haute s'est fait annoncer chez moi, et m'a salué en grec moderne. La conversation a continué quelque temps en cette langue, puis mon savant interlocuteur y a mêlé le grec ancien; et, comme il n'y a entretien si littéraire où ne se glisse un peu de politique, — « Connaissez-vous, » m'a-t-il dit, « le portrait de « M. Canning peint par Homère ? Le voici, bien que « notre Ulysse ait depuis quelques mois un peu ou- « blié sa prudence. » Et le pair d'Angleterre, qui sait le grec comme Démosthène, mais qui le pro- nonce d'une manière presque inintelligible, comme un écolier d'Oxford, m'a récité ces vers de l'Iliade : ἀλλ' ὅτε δὴ πολύμητις, κ.τ.λ.

« Quand le prudent Ulysse se lève, et que, de- « bout, immobile, les yeux baissés, il regarde la « terre semblable à un homme sans expérience, « vous le prendriez pour quelque insensé ou pour un « imbécile. Mais, quand sa grande voix laisse échap- « per de sa poitrine des paroles précipitées comme

« des flocons de neige en hiver, c'est en vain qu'un
« autre mortel essaye de lutter contre Ulysse ; et
« nous qui l'écoutons, nous ne pensons plus qu'à
« ce qu'il dit. »

Tout ce préambule n'est là que pour *introduire* auprès de vous lord Guilford, à qui j'ai donné une lettre
à cet effet. C'est un homme éclairé, simple et bon ,
charitable à l'excès, καλὸς κ' ἀγαθὸς. Protecteur des
Grecs, bienfaiteur des îles Ioniennes, il porte dans
ses armes et dans son cœur cette devise française :
La vertue est la seule noblesse. Il part après-demain
pour Corfou, traverse Paris, et voudrait, dit-il, voir
une fois de ses yeux, avant de quitter le monde,
l'auteur de l'*Itinéraire*, que les stances de lord
Byron ne lui ont point fait oublier. En tout cas, le
noble lord, heureusement pour la Grèce, ne me
paraît pas bien pressé de mourir. Figurez-vous qu'il
vient de m'envoyer une *carte* d'invitation à cette
fin que j'aie à dîner chez lui (*Saint-James Street*),
à son retour de Corfou, dans cinq mois, le mardi
1er décembre prochain, à *trois heures* de l'après-
midi. (*On n'attendra pas passé quatre heures
moins un quart.*) Cette formule a été tout nouvelle-
ment adoptée pour mettre à son aise le duc de Wellington, ennemi de la ponctualité en cette matière.

M.

CXXIV.

M. DE CHATEAUBRIAND A M. DE MARCELLUS.

Paris, 24 juin 1823.

Lord Guilford sera le bienvenu avec tout son grec. Je n'en ai plus guère dans ma tête ni dans mon bagage. Il me reste bien quelque part un Homère que j'ai tout barbouillé de notes et d'essais de traduction; mais je ne l'ai pas ouvert depuis *la Monarchie selon la charte,* où j'essayai de commenter à ma façon l'axiome fameux : « *Il n'est pas bon qu'il y ait plusieurs chefs.* » La chose me réussit alors assez mal, comme on se chargea de me le prouver en me rayant du ministère d'État. Voilà ce que me valut *eis koiranos estò*, que je ne sais plus même, comme vous le voyez, écrire en lettres grecques (1). C.

---

(1) Cette punition, infligée à *la Monarchie selon la charte* revenait souvent sous la plume et dans la mémoire de l'ambassadeur à Londres. « La même main, » me dit-il un jour qu'il prenait un livre sur mes tablettes, « la même royale main « qui avait nommé ministre Fouché *le régicide,* ayant rayé de

CXXV.

M. DE MARCELLUS A M. DE CHATEAUBRIAND.

Londres, 24 juin 1823.

Depuis dix mois je vois régulièrement M. Canning, et je n'ai jamais observé en lui, mieux qu'à la nouvelle du départ du roi Ferdinand pour Cadix, cette *maligne joie qui s'élève souvent en son cœur, et dont sa gloire indignée* ne le *sauve* pas du tout, si inférieur en cela au César de Corneille. J'étais dimanche dernier à Glocester-Lodge, où il m'avait prié de venir, et il avait grand'peine à cacher sa satisfaction. « Rien ne finit en Espagne, » me disait-il presque gaiement; « combien de troupes y avez-« vous en ce moment? Quels renforts vous demande « le maréchal Moncey? » — J'ai répondu à ces questions désobligeantes avec calme et fermeté. J'avais reçu une lettre du quartier général de monsieur le duc d'Angoulême, en date du 14, annonçant nos succès et nos espérances, et je l'ai citée. « Oui,

« la liste des ministres d'État Chateaubriand l'*émigré*, force fut « de vendre mes livres, et je n'ai jamais eu depuis de quoi en « acheter. »

20.

« sans doute, eux là-bas et vous ici, vous croyez
« que l'affaire tire à sa fin. Beaucoup de sages et de
« hauts personnages, » a-t-il ajouté en ricanant,
« le pensent ici comme vous; mais ils ne considè-
« rent pas les choses sous leur vrai point de vue.
« En effet, observez bien. La tranquillité règne où
« vous êtes; mais, dès que vous disparaissez, le
« trouble renaît. Le roi vous échappe. Ce sont vos
« manœuvres qui le mettent presque en danger.
« Mais heureusement notre ministre est là pour ga-
« rantir sa sûreté. Sans doute sir W. A'Court ré-
« pugnera à aller se renfermer à Cadix; mais c'est
« le plus éminent service qu'il puisse rendre à la
« royauté. Il suivra Ferdinand, et *il se collera cons-*
« *tamment à la personne du roi (he will stick con-*
« *stantly to the very person of the king).* » — Qu'il
fasse mieux, ai-je interrompu, et que, s'attachant
au roi comme vous le dites, il s'échappe avec lui de
cette nouvelle prison. L'Angleterre aura rendu un
service signalé à l'Europe; et vous le voyez bien
vous-même, il ne reste plus au ministère britannique
d'autre voie de jouer un beau rôle dans les affaires
d'Espagne. — « Mon Dieu! » a répliqué M. Canning,
comme gêné et piqué à la fois, « pourquoi nous pres-
« ser de questions? Nous ne parlons pas, mais nous
« agissons peut-être. Tenez, je suis personnellement
« dans la position la plus embarrassée; et, dans nos

« confidences, je ne puis, même à vous, rien dire
« de précis, puisque ces malheureux courriers n'ar-
« rivent pas, et que je n'ai point de nouvelles direc-
« tes de Séville depuis le 17 mai. »

Je sais que M. Canning fait partir aujourd'hui
même pour Cadix un second vaisseau de ligne, dont
il ne m'a dit mot, pour porter à sir W. A'Court de
nouvelles instructions.

N'oublions pas que, dans l'insurrection de Naples, en 1820, le gouvernement britannique avait
donné l'ordre à sir Graham Moore de bombarder à
l'instant la ville de Naples et le port, si la personne
du roi se trouvait en danger. Ce devait être un *bom-
bardement pacifique* et presque *amical*, toujours sans
se départir de la *neutralité* hautement professée. Vous
vous souvenez aussi que c'est la main des officiers
anglais, toujours *neutres,* qui guida la fuite de Sa
Majesté Sicilienne dans les souterrains de son palais... C'est bien encore un roi Ferdinand qui figure
au centre de la révolution ; mais il n'y a plus à
Londres le même ministre !!

Il me faut achever de vous raconter le petit épisode du courrier de la régence, *Albanez.* A peine,
vendredi dernier, m'avait-il quitté, que M. Canning le fit appeler et le retint à Londres. Il l'a fait
accompagner, à son retour, par un de ses propres
courriers ; et ces deux individus sont partis samedi,

21 , avec une lettre du gouvernement anglais pour
la régence. Voici l'explication du fait.

Albanez était porteur d'une dépêche de M. Da-
mian Saez, adressée à M. Canning, dans laquelle,
après quelques compliments, il priait simplement le
ministre de remettre au roi d'Angleterre une lettre
incluse. Le premier mouvement de M. Canning a été
de faire délivrer un reçu de la totalité par un de ses
commis, et de ne point donner d'autre réponse.
Mais Georges IV en a jugé autrement; et, tout en
admettant qu'on ne pouvait reconnaître une régence tant que sir W. A'Court résidait auprès du
roi, il a désiré que son gouvernement établît une
différence entre cette régence organisée par monseigneur le duc d'Angoulême et les régences précédentes, dont les manifestes étaient arrivés par la poste,
et comme des écrits anonymes. Cet avis du roi, dont
le duc de Wellington a été le porteur et l'avocat, a
prévalu, et on a pris un terme moyen en dépit de
M. Canning : c'est de ne point reconnaître la régence, mais de lui répondre, et de baser uniquement
le refus de la reconnaître sur la présence d'un ministre britannique auprès de la personne du roi d'Espagne. Tels sont les termes de la réponse.

Comme vous le pensez bien, M. Canning ne m'a
point parlé de tout ceci. « On m'assure, » m'a-t-il dit
seulement, « que la régence veut nous envoyer un

« agent. Ce serait inutile, ridicule; sans doute elle
« attendra, pour cette seconde démarche, l'effet de
« la première et le retour de son courrier. »

Le maréchal de Béresford, dont aucun pronostic sur la guerre d'Espagne n'a été démenti par l'é-
vénement, m'a déclaré qu'il fallait trente mille hommes aux constitutionnels pour défendre Cadix; et
que, dans ce cas, cette ville, bloquée par mer, manquerait bientôt d'approvisionnements; que, d'un
autre côté, si les troupes constitutionnelles ne s'éle-
vaient qu'à sept ou huit mille hommes, Cadix, dé-
fendue ainsi, n'était nullement à l'abri d'un coup de
main.

Mes dépêches traitent du Portugal et de la révolution de Lisbonne. Je continue à y placer aussi
exactement un résumé de la question espagnole, les
affaires générales, le courant de la diplomatie, un
journal quotidien des transactions du parlement, et
tout ce qui concerne les trois royaumes et les Indes,
comme vous l'avez désiré.

M. Canning m'a demandé, pour le cadeau d'usage
qui termine les ambassades, ce que vous aimiez le
mieux, la boîte avec le portrait du roi, ou mille
livres sterling.   M.

CXXVI.

M. DE CHATEAUBRIAND A M. DE MARCELLUS.

Paris, 25 juin 1823.

Les journaux vous porteront la nouvelle la plus
importante : celle de la déchéance du roi, prononcée
par les Cortès, et la nomination d'une régence révolutionnaire. Mes lettres de Madrid, reçues ce matin
et datées du 18, disent que sir W. A'Court et le
reste du corps diplomatique ont déclaré qu'ils étaient
accrédités auprès du roi, et non pas auprès d'une
régence, et que par conséquent ils resteraient à
Séville, en attendant de nouveaux ordres de leurs
cours. Je doute que tout soit aussi bien et aussi
correct que cela ; mais, pour un ministre habile,
quelle belle occasion de se tirer d'affaire ! Comme
M. Canning pourrait réparer sans danger ses étranges
fautes ! Il ne peut plus, avec une ombre d'honneur,
reconnaître une *convention* révolutionnaire, réduite
pour tout empire à un écueil dans l'Océan : ce serait
par trop humilier et abaisser l'Angleterre. Dès lors,
il est libre de revenir aux alliés et de faire cesser
la guerre en exigeant la liberté du roi. Ce rôle a
quelque chose de séduisant encore : saura-t-il le

jouer, et ne pas manquer l'événement? J'en doute. Il avisera trop tard.

C'est dans ce sens néanmoins que je vous engage à parler. Appuyez-vous sur le duc de Wellington, et démontrez à la partie saine du ministère quel parti elle peut tirer de la circonstance; mais faites toujours bien comprendre que, quant à nous, nous n'entrerons jamais avec les Cortès dans aucun arrangement politique; nous ne les reconnaîtrons plus comme *corps*. Seulement nous ferons aux *individus* tous les avantages *personnels* qu'ils désireront pour délivrer la famille royale.

On dit ici que vous épousez mademoiselle Canning; si cela est, je vous promets, pour dot de la mariée, une ambassade (1).

---

(1) Pardonnez, ô mes graves confrères, et convenez-en tout de suite avec moi : il n'y a si sage diplomate qui ne se soit arrêté parfois dans le cours des affaires les plus sérieuses pour écouter un son qui lui vient de sa jeunesse, pour contempler encore dans sa pensée une image qui réveille un heureux souvenir. Il jette alors loin de lui les protocoles, les dépêches, et il se prend à rêver aux jours passés, jusqu'à ce que le songe en s'envolant le ramène aux réalités de la vie et aux soucis des affaires.

Au bal de Carlton-House dont j'ai déjà parlé, après les sarcasmes du roi Georges IV, M. Canning avait terminé un

Du reste, les événements vont si vite, que tout ce que je vous dis sur cette déchéance du roi peut être rendu inutile à chaque instant. Nous ne som-

---

entretien pénible pour lui par ces mots : — « Je ne vous re-
« tiens plus; allez danser, mon gendre, allez danser. »

Cette appellation courait le monde; le *Times* disait, depuis longtemps, que mon *assiduité* chez M. Canning allait être *couronnée* par mon mariage avec sa fille Henriette, l'*accomplie*. C'est l'épithète que les journaux anglais
appliquent galamment à toutes les jeunes femmes, épithète si
méritée cette fois; et quand M. Canning m'appela son gendre, titre qu'il me donnait parfois en plaisantant : « Prenez
« garde, » lui dis-je. « Ces deux mots suffiraient presque, si
« nous étions en Écosse. » — « Oui! mais nous sommes en An-
« gleterre et chez le roi. » — « Gretna-Green n'est pas loin »,
ajoutai-je. — « Ma fille est encore plus près, » reprit-il en
riant; « allez, allez vous faire pardonner l'indiscrétion du
« *Times*. » — En effet, je le quittai bien vite pour rejoindre
miss Henriette, et pour danser avec elle.

Et maintenant que j'écris ces lignes, quand le temps a tout
emporté, rois et ministres, Louis XVIII et M. de Chateaubriand, Georges IV et M. Canning, au milieu de tant d'intérêts si vifs alors, si oubliés aujourd'hui, je doute encore si,
parmi tous ces souvenirs que j'évoque, celui qui fait battre
le plus puissamment mon cœur n'est pas cette heureuse con-
tredanse, qui finit si vite, et qui ne devait pas se renouveler.
Serais-je donc devenu frivole en vieillissant, ou bien M. de
Chateaubriand m'aurait-il enfin inoculé cette insouciance politique préservatrice qui lui est venue si tard?

mes pas sans appréhension que les Cortès s'embar-
quent pour *Ceuta*, si elles croient ne pouvoir tenir
dans Cadix. Si elles allaient à Gibraltar, il n'est
pas permis de croire que les Anglais voudraient
eux-mêmes retenir le roi prisonnier, et l'empêcher
de retourner à Madrid quand il en exprimerait la
volonté.

Mina est détruit, Valence tombée, tout croule; la
Providence est pour nous.   C.

CXXVII.

M. DE MARCELLUS A M. DE CHATEAUBRIAND.

Londres, 26 juin 1823.

Vous avez vu quels tourbillons de colère a soulevé,
sur tous les points des trois royaumes le nom de Ferdinand. La haine pour le nom d'Alexandre n'y est pas
moins vive, et a donné sans doute naissance aux étranges bruits qui ont circulé : disgrâce à Pétersbourg des
ministres favoris ; complot dans la capitale ; conspiration dans les provinces russes contre l'empereur ;
les forteresses d'Asie livrées à la Sublime Porte ; refus d'obéissance du général Yermoloff, etc. Tout

ceci est trop vague pour agiter longtemps les esprits; mais le cabinet britannique commence à prévoir la fin du système modéré d'Alexandre, et à
parler de grandes mesures collectives pour veiller
à l'intégrité de l'Orient. Et si, par un effet de la
magnanimité de l'autocrate, l'Angleterre se trouve
encore aujourd'hui médiatrice à Constantinople, dès
que des relations directes se rétabliront entre Pétersbourg et le Divan, il faut s'attendre à voir re-
naître sur les bords du Bosphore une grande lutte
d'influences. Là, sans doute, la Turquie ne se divi-
sera point, comme la Perse, en faction russe et anglaise, dirigées, chacune, par un héritier du trône;
mais on verra se renouveler cette rivalité secrète
dont les progrès n'ont pas peu contribué à la rup-
ture de 1821.

A propos de la Perse, un tableau des négociations
qui ont eu lieu depuis vingt ans entre ce royaume
et l'Angleterre, tracé en peu de pages, a attiré l'attention des commerçants et des hommes d'État, qui
se touchent ici de plus près qu'ailleurs. On y voit
les progrès de l'influence russe à la cour de Téhéran,
en même temps que la décadence du crédit anglais.
L'impéritie du dernier chargé d'affaires britannique
en Perse y est exagérée sans doute; mais cet ensemble de détails historiques, et les conséquences
déduites de la mésintelligence qui règne entre le

schah et l'émissaire anglais ont remué l'esprit public. D'un autre côté, les fréquentes ambassades de l'empereur Alexandre sur les frontières de Perse, ses traités d'alliance avec les khans de Bukarie et les petits États qui ceignent la mer Caspienne, y étaient représentés au vif. Ces renseignements étaient dus à l'indiscrétion ou plutôt à l'adresse d'un agent de Perse que j'ai vu fréquemment cet hiver, Mirza-Mohammed-Salèh, homme intelligent, actif et dissimulé comme la plupart des négociateurs levantins. Le sentiment d'inquiétude et de jalousie qu'il a su réveiller vient de décider la mission de sir J. Malcolm, qui va partir prochainement pour la Perse en qualité d'envoyé extraordinaire.

Pardonnez-moi cette excursion sur le terrain de mes premières armes diplomatiques. J'ai essayé de faire luire quelques rayons du soleil d'Orient parmi les nuages et les brumes occidentales dont je suis exclusivement entouré. **M.**

P. S. « Cadix est imprenable, » me disait hier M. Canning, « et a résisté à Bonaparte. » — Cadix ouvrira ses portes, ai-je répondu ; nous ne sommes pas des conquérants, mais des libérateurs.

CXXVIII.

M. DE CHATEAUBRIAND A M. DE MARCELLUS.

Paris, 29 juin 1823.

J'ai remarqué ce que vous me dites de la Perse et de la Turquie; et j'en ai fait prendre bonne note. On doit maudire en Angleterre l'empereur Alexandre, car il est tout à nous. Il est armé de toutes pièces contre les révolutionnaires. S'il n'a pas été jusqu'ici plus favorable aux Grecs, c'est qu'il a cru apercevoir dans leur insurrection la griffe des jacobins de Paris.

C.

CXXIX.

M. DE MARCELLUS A M. DE CHATEAUBRIAND.

Londrés, 28 juin 1823.

Votre lettre du 25 me fait voir que vous ne connaissiez pas dans toute leur étendue les événements de Séville. M. Ward, attaché à la légation de sir W. A'Court et témoin oculaire, après avoir été arrêlé deux fois entre Séville et Cordoue, a rencontré dans cette dernière ville le général Bordesoulle, qu'il a le premier instruit du départ de Ferdinand VII pour Cadix. Ce malheureux roi, la veille du voyage, a mandé les membres du corps diplomatique qui sont restés auprès de sa personne ; et, les priant de transmettre à leurs cours un récit fidèle des événements, il leur a déclaré qu'il cédait à la force, et qu'il considérait d'avance Cadix comme son tombeau.

Ce même corps diplomatique se disposait à protester solennellement contre la déchéance du roi et à rendre les Cortès responsables d'un seul cheveu tombé de sa tête, lorsque sir W. A'Court s'est opposé à cette protestation, et y a substitué une déclaration par laquelle, accrédités auprès d'un roi, et non auprès d'une régence, ils annoncent que leurs fonctions ont cessé jusqu'à nouvel ordre. Quelques journaux ont dit que sir W. A'Court revenait à Londres. Cela n'est pas exact ; il se retire à San-Lucar, et se tiendra là provisoirement. M. Ward a dû lui être réexpédié hier au soir, avec des instructions qui ont été discutées dans deux conseils consécutifs, et dont on ne pénètre pas encore le sens ; mais, si je ne me trompe, elles doivent lui prescrire une entière *impassibilité*.

Il a été difficile, pour les personnes qui ont vu

M. Canning, à l'arrivée de ces nouvelles de Séville tant attendues, de deviner quel sentiment elles excitaient de préférence chez lui. Joie dissimulée ; soit de ces extrémités révolutionnaires, conséquence, à ses yeux, de notre intervention, soit de se trouver enfin poussé par les événements en dehors de sa position isolée : inquiétude sur son attitude future ; défiance de la diplomatie continentale ; jalousie envers la France ; espoir secret de l'indépendance des colonies espagnoles, question qui s'agite toujours au fond de sa pensée, et sur laquelle j'ai si fréquemment, dans mes dépêches, appelé votre attention ; impatience de l'avenir et rancune universelle. Tout était rapide et confus : je n'ai rien pu démêler, et mes collègues n'ont pas été plus heureux. Lord Liverpool, plus franc en cette circonstance, n'a point déguisé sa satisfaction de voir s'approcher la fin de toute l'affaire. Le duc de Wellington, beaucoup plus content qu'alarmé, a fait entendre de grands éloges de la conduite si sage du prince généralissime et de nos troupes. Dans le refus que plusieurs ministres espagnols et leurs subordonnés administratifs ont fait à Séville de reconnaître la régence révolutionnaire, le duc de Wellington voit aussi le principe d'un retour vers nous, qu'imiteront nécessairement les garnisons des places encore tenues par les troupes des Cortès. Cette adhésion nous

donnera alors plus de forces disponibles pour as-
siéger ou pour cerner par terre l'île de Léon et
Cadix, tandis que nos flottes les bloqueront encore
de plus près par mer; il espère de tout cela un
prompt succès; mais il redoute les corps royalistes
espagnols qui se forment derrière notre armée, et
dont on cite déjà les excès et les désordres.

Puisque sir W. A'Court n'est pas dans Cadix, et
qu'il s'est déclaré déchu de tout caractère diplomatique, nous n'avons plus rien à attendre de lui. Je
crois M. Canning, malgré tout, un peu déconcerté
de se voir ainsi hors du jeu. Si les Cortès emme-
naient le roi à Gibraltar, ne doutez pas qu'il ne fût
libre à l'instant même où il en touchera les murs,
et que des instructions dans ce sens n'aient été déjà
dictées d'ici par Georges IV et par la saine majorité
du conseil; mais ces instructions je ne puis encore
que les conjecturer, comme je suppose également
qu'il va nous arriver de ce même Gibraltar des vaisseaux remplis de révolutionnaires réfugiés. Nous en
attendons chaque jour une cargaison de Lisbonne.

Sir W. A'Court et le chargé d'affaires de Saxe,
malgré les anxiétés qu'ils expriment, garantissent
dans leur correspondance la sécurité personnelle du
roi et de la reine, et ne prévoient aucun cas où leur
vie soit en danger.   M.

CXXX.

M. DE CHATEAUBRIAND A M. DE MARCELLUS.

Paris, 30 juin 1823.

L'humeur de sir Ch. Stuart augmente avec nos succès; il en est presque aux menaces; ce qui me fait présumer que l'humeur de M. Canning augmente aussi en proportion de celle de son ambassadeur. Ces menaces me font bien peu peur, et je sais combien, dans ce moment-ci, elles sont vaines; mais pourtant suivez cela de près, et cherchez à découvrir s'il n'y a pas des faits ou des espérances qui stimulent le ministre britannique. L'incident de la retraite du roi à Cadix, et la séparation de sir W. A'Court, peuvent amener un bon résultat, si la partie saine du conseil de Londres sait en user. Je ne crois pas que jamais ce cabinet envoie un ambassadeur à la régence de Madrid; mais c'est déjà beaucoup s'il retire son ambassadeur d'auprès de la régence de Cadix; et, en vérité, on ne comprend pas comment il aurait pu l'y laisser avec une apparence d'honneur.

Faites parvenir, je vous prie, par la plus prochaine occasion la lettre que je vous envoie aujourd'hui pour notre consul général à Lisbonne, M. de

Lesseps; c'est pour lui dire de reprendre à l'instant son rang et son titre de chargé d'affaires. Nos nouvelles de Portugal disent la dissolution de leurs Cortès. Tout est fini de ce côté.

Maintenant nous ne devons plus avoir qu'un but et qu'une pensée : c'est d'obtenir la délivrance de Ferdinand. Voilà l'Angleterre séparée des Cortès, c'est un pas immense en notre faveur; mais si M. Canning sentait bien sa position, il pourrait faire davantage. Il pourrait déclarer à cette *Convention* de Cadix que l'Europe ne peut pas être divisée par elle; qu'on ne peut pas laisser durer un état de guerre pénible aux populations, pour soutenir un parti qui, en prononçant la déchéance d'un roi, s'est mis à dos les monarchies de toute nature. L'Angleterre saisirait la seule occasion qui lui reste de réparer les énormes fautes de M. Canning. Mais je doute que l'amour-propre de ce ministre lui laisse le jugement assez libre pour agir habilement et raisonnablement. Trompé sur tous les points dans ses calculs, il se trompera jusqu'au bout. Il me semble que je me répète, et que je vous ai déjà dit tout cela de lui.

« Nequicquam ingeminans iterumque iterumque vocavi. »

P. S.—C'est la boîte avec le portrait du roi que je veux, et non les 1000 livres sterling. C.

CXXXI.

M. DE MARCELLUS A M. DE CHATEAUBRIAND.

Londres, 1ᵉʳ juillet 1823.

Mon collègue, le ministre de Bavière, vient de me communiquer un article d'une gazette allemande dont je veux vous réjouir. Le voici :

« Un rusé spéculateur sur les fonds publics com-
« muniqua un faux discours du trône au vicomte
« de Marcellus vingt-quatre heures avant que le vé-
« ritable discours ne fût prononcé à Londres. Ce-
« lui-ci n'eut rien de plus pressé que de le faire
« passer à Paris. Ce document, publié dans *l'Étoile,*
« occasionna aux joueurs de la bourse une perte
« de quatre ou cinq millions, ce qui attira à ce
« journal bien des plaisanteries et des injures quand
« le tour fut découvert. Mais le fait a laissé, dit-on,
« un million de profit dans les mains du jeune chargé
« d'affaires. Comment peut-on, dans de telles cir-
« constances, laisser l'ambassade si importante de
« Londres dans les mains *inexpérimentées* d'un
« jeune homme de vingt-quatre ans? » (Wie man
denn unter gegenwärtigen Umständen den so wich-
tigen Gesandtschaften von London einem unerfahr—

nen jungen Manne von 24 Jahren anvertrauen
könne.)

Que pensez-vous de ce défaut d'expérience qui
m'aurait rapporté un million?

Hélas! voici la seconde fois depuis trois ans que
je manque à ma destinée! car, à mon retour de
Grèce, le duc de Hamilton me fit offrir deux cent
mille francs de la Vénus de Milo, croyant que je
pouvais encore en disposer.

« Sum dea, sed rara, et paucis occasio nota, »

disait de la Fortune mon compatriote Ausone.

M.

CXXXII.

M. DE CHATEAUBRIAND A M. DE MARCELLUS.

Paris, 5 juillet 1823.

Je vous ai mandé dans le temps que le discours
bâtard de l'ouverture de la session britannique m'a-
vait été ici présenté à moi-même; mais je ne savais
pas alors qu'il aurait pu être pour vous d'un effet si
lucratif. Il est écrit que je faillirai, comme vous, à toutes les occasions de m'enrichir, pour lesquelles j'eusse

néanmoins trouvé de bons précédents épiscopaux dans le ministère que j'occupe; et je vois bien que je tirerai toujours le diable par la queue.   C.

CXXXIII.

M. DE MARCELLUS A M. DE CHATEAUBRIAND.

Londres, 2 juillet 1823.

Rien de nouveau d'Espagne, ou pour mieux dire de Cadix. Mais si, d'un côté, Georges IV veut que rien n'entrave notre action, de l'autre, M. Canning a besoin de jouer un rôle quelque part pour couvrir sa conduite passée et ses imprudents aveux. Si la scène de l'Espagne manque sous ses pieds, il se construira un théâtre dans les colonies espagnoles. Il a vivement regretté que, malgré tout, sir W. A'Court n'ait pas suivi le roi à Cadix, puisqu'il se trouve ainsi privé de toute nouvelle directe et de toute interférence dans les négociations ou dans les capitulations à venir. Il souhaite personnellement que les Cortès amènent Ferdinand à Gibraltar. Dès lors, le roi sera libre; mais l'Angleterre, tout naturellement et sans avoir l'air de faire des avances

aux alliés, pourra traiter des institutions futures de
la Péninsule. Notre détermination, de ne point inau-
gurer de forme de gouvernement jusqu'à la délivrance du roi, l'impatiente; enfin l'intention mani-
festée par nous, de laisser agir en ceci les volontés
du maître et des sujets, excite sa jalousie et un
dépit bien marqué contre une modération si conci-
liante.

Vous avez déjà compris que je parle de M. Canning, et non de ses collègues. Les *menaces* de sir
Ch. Stuart ne reposent sur aucun fait, pas même sur
une espérance, et ne sont dictées que par l'humeur
excessive du ministre des affaires étrangères de la
Grande-Bretagne. L'ambassadeur à Paris met autant
de zèle à refléter son chef direct que j'en mets à
Londres à vous reproduire. Ne craignez rien de ces
bouderies : nous avons pour nous le roi et l'immense majorité du ministère. Ceux-ci nous approu-
vent, nous louent, et souhaitent nos succès en raison de leur désir sincère du repos de l'Europe, et
par haine des révolutions. — « N'écoutez pas nos
« cris et notre humeur, » me disait lord Westmoreland, vieux Breton de formes et de langage, « allez
« votre train : laissez les Espagnols se choisir leurs
« institutions. Retirez-vous sur l'Èbre quand le roi
« sera libre; et votre entreprise sera l'une des plus
« belles pages de l'histoire de notre siècle. » Ceci

m'a été répété, presque dans les mêmes termes, par lord Harrowby, par le duc de Wellington, et par M. Peel, l'ami constant de la politique positive.

On m'assourdissait, il y a un mois, des bruits d'une division dans le ministère français ; tout retentit aujourd'hui de la nouvelle de son union rétablie. Votre prétendue réconciliation avec M. de Villèle consolide tout. Ces deux influences prépondérantes dans le conseil vont, par leur fusion, affermir à jamais le ministère royaliste ; et leurs succès communs en Espagne leur garantissent une longue jouissance du pouvoir.—Comme j'ai nié la guerre, je nie la paix.

Pour fortifier cette majorité du ministère anglais qui nous est favorable, ne penserez-vous pas, comme déjà je vous l'expliquais dans ma dépêche du 22 avril, qu'il faut se hâter d'envoyer un ambassadeur à Londres ? Ce représentant direct de la royauté raffermira le système de *neutralité* invariablement résolu, et pratiqué déjà tant bien que mal ; il trouvera l'oreille du roi ouverte, les tribunes fermées, et vous dispensera de rapports trop suivis avec le *menaçant* sir Ch. Stuart. Ces considérations sont de quelque poids.

Peut-être trouverez-vous que l'une de mes dépêches de ce jour, intitulée *Cabinet*, mérite aussi quelque attention.   M.

CXXXIV.

M. DE CHATEAUBRIAND A M. DE MARCELLUS.

Paris, 3 juillet 1823.

Je vous envoie le bulletin qui m'arrive ce matin de Madrid, et qui ne sera dans le *Moniteur* que demain. Nouvelle victoire! tout est maintenant à Cadix. Nous croyons ici que les ordres du cabinet, pour sir W. A'Court, sont de rester à Séville, et d'aller à Gibraltar, ou même à Cadix, *si la vie du roi était compromise*. Vous voyez que ce ne serait qu'un misérable prétexte pour faire une chose indigne comme gouvernement, et dangereuse pour nous. Il faut s'attendre à tout de gens que nos succès désolent. Si nous obtenons vite Ferdinand, notre position politique sera la première en Europe. Mais l'Angleterre pourrait encore la partager avec nous, et se relever de la misérable attitude qu'elle a prise, en exigeant la remise du roi. Comment souffre-t-elle que cent soixante coquins tiennent les puissances en armes et l'Europe en souffrance? C.

CXXXV.

M. DE MARCELLUS A M. DE CHATEAUBRIAND.

Londres, 4 juillet 1823.

Votre correspondance avec le Portugal est chanceuse : la lettre que vous m'annonciez pour M. de Lesseps ne s'est trouvée ni jointe aux dépêches, ni même comprise dans le portefeuille. J'y ai suppléé autant et aussi promptement que je le pouvais, en annonçant aussitôt à ce consul général l'ordre que vous lui adressiez de reprendre le rang et le titre de chargé d'affaires; ordre formel, puisque vous m'en aviez donné avis.

Ma dernière lettre confidentielle a répondu d'avance à vos questions, et mes dépêches successives vous ont transmis des nouvelles de Lisbonne jusqu'au 24.

Le produit du bal espagnol, qui se donne ce soir, ne couvrira pas les frais de la fête; mais il a déjà pour résultat une foule de *quolibets* sur les dames *radicales, constitutionnelles,* etc.

A propos de dames, puisque vous ne désapprouvez pas que, de temps à autre, le *post-scriptum* essaye de dérider les faces diplomatiques assombries par la gravité de la dépêche, voici quelques chiffres que je n'eusse pas osé adresser même à notre *division commerciale.*

Le prix courant de la vente des femmes, qui, sur le marché de Smithfield, s'était maintenu dans les environs de 10 à 12 schellings la pièce (de 12 à 15 fr.), est en grande hausse depuis quelques semaines. Le taux a doublé, et s'élève en ce moment au chiffre de 20 à 22 schell. (de 25 à 28 fr.). On cite même, ce qui ne s'était jamais vu, un mari qui a trouvé récemment à se défaire de sa marchandise pour la somme exorbitante de 50 liv. sterling (de 12 à 1300 fr.). C'était le prix de la plus belle et jeune esclave noire d'Abyssinie sur la place du Caire, quand j'y passais il y a trois ans. Ici, l'échantillon qui a donné une telle valeur à l'article n'était, dit-on, ni blanc, ni jeune, ni joli.

O excentricity!   M.

CXXXVI.

M. DE CHATEAUBRIAND A M. DE MARCELLUS.

Paris, 6 juillet 1823.

M. de Chabrol, préfet de Paris, est parti aujour-
d'hui pour Londres : je vous le recommande. Je lui
ai donné aussi un petit mot pour M. Canning, très-
amical *quand même*. Nous verrons ce que cela pro-
duira.

A Paris, nous ne vendons pas les femmes, comme
à Smithfield : quand elles nous gênent, comme lady
Oxford, mistriss Hutchinson et madame de Bourcke,
pour lesquelles vous avez essayé de m'intéresser,
nous les renvoyons poliment à Londres ; mais au
marché, jamais.

Serait-ce donc parce que vous dansez avec la jolie
miss Fox que vous prenez si vivement fait et cause
pour son père, lord Holland ?   C.

CXXXVII.

M. DE MARCELLUS A M. DE CHATEAUBRIAND.

Londres, 4 juillet 1823.

L'humeur de M. Canning ne se révèle pas seulement par l'organe de son truchement fidèle, sir Ch. Stuart, elle agit encore puissamment ici sur le ministère entier, et lui communique une partie de son âcreté. Voici ce qui vient de se passer récemment, et dont je ne parlerai dans mes dépêches courantes que si vous le souhaitez. Je réponds de la fidélité de mes informations, bien qu'il m'ait été assez difficile de pénétrer ces transactions mystérieuses.

Dans un des derniers conseils tenus au *foreign-office*, M. Canning a tracé, avec une grande énergie, un tableau précis de la situation politique de l'Angleterre, et a principalement attiré l'attention de ses collègues sur les institutions futures de l'Espagne. Démontrant par la nature même des derniers événements la connexion intime de Lisbonne et de Madrid, il a prouvé ainsi combien son étroite alliance avec la cour de Portugal devait intéresser l'Angleterre au sort de l'Espagne; il a représenté notre ministère comme divisé et incertain; il a nommé la régence de Madrid un *club* de partisans du despotisme ; il a blâmé ses derniers actes comme dépassant le principe qu'elle s'était posé d'abord, de ne pas agir avant la liberté du roi. Laissant de côté la Prusse, dont en général il tient peu de compte, et dont on s'occupe assez rarement en Angleterre, il a parlé avec ressentiment de l'Autriche, et surtout des volontés de la Russie. Enfin, décrivant les mouvements et peignant les excès des troupes royalistes espagnoles, il a présagé l'éternité d'une guerre civile dans la Péninsule.

Ces considérations habilement groupées ont frappé tous les esprits, mais n'ont amené aucune résolution. Jamais le ministère britannique n'a jeté un regard plus sérieux et plus inquiet sur l'avenir, et nos succès, après avoir réjoui les véritables hommes d'État, commencent à leur donner de l'ombrage.

Ce revirement est en entier l'œuvre de M. Canning. Il acquiert tous les jours plus de poids dans le cabinet par ses talents et sa popularité, malgré le peu d'estime politique qui s'attache à son inconstance. (Vous voyez que j'évite à dessein le mot cabalistique de *tergiversation*.) On l'avait choisi comme une trompette sonore pour bruire à Westminster; il a retenti plus loin. Il n'est point en harmonie avec ses collègues, et cependant il les domine. Il a d'abord plié sous leur effort sans rompre, il se redresse aujourd'hui (1).

Ce ministre jette une grande incertitude par ses demi-mots dans nos conversations sur les directions dernières données à sir W. A'Court; ce n'est donc point de lui que je tiens les détails suivants; mais ils n'en sont pas, pour cela, moins authentiques.

Les instructions envoyées primitivement à Madrid, le 13 février dernier, avaient été de suivre Ferdinand en tout lieu, non-seulement si la proposition

---

(1) En Angleterre, on n'admettait pas encore, en 1823, qu'un homme politique pût honorablement changer de parti, et par conséquent de langage. En France, l'opinion publique est moins sévère : on n'exige plus, même pour obtenir un semblant d'estime générale, toute une vie de constance et de probité; quelques années y suffisent. Étrange effet des révolutions et de la démoralisation qui les suit! Les réputations défaillies se refont, comme les fortunes naufragées, en continuant leur commerce. L'homme d'État n'a besoin que d'une certaine dose de considération en monnaie courante du siècle. On ne lira pas sa biographie tout d'une haleine, mais ar fragments et en sautant quelques feuillets : voilà tout.

L'histoire, au moins, l'immortelle histoire, fera-t-elle justice de ces renommées intermittentes, de ces fidélités temporaires, et vengera-t-elle l'antique honneur français si oublié? Oui, si l'historien n'est pas lui-même, comme ses héros, doué seulement d'une moitié de courage et de vertu.

en était faite au ministre anglais, mais même si la
proposition qu'il devait en faire lui-même, n'était pas
déclinée. Il lui était enjoint, en cas d'atteinte portée
au pouvoir politique ou à la sécurité personnelle
du roi, de *cesser* ses fonctions. — Le départ de Madrid de Ferdinand n'ayant pas présenté aux yeux
de l'Angleterre un caractère suffisant de violence,
et le départ de Séville, précédé d'une déchéance,
mais suivi d'une réintégration du pouvoir royal,
ayant modifié les premières instructions, sir W.
A'Court n'a pas *cessé* ses fonctions, mais il les a
suspendues. Voilà la nuance. Bientôt après il aura
reçu une lettre *semi-officielle* de M. Canning, l'en-
gageant à se rendre à Gibraltar dans le cas de la déposition du roi. Cette lettre était écrite avant la nouvelle des événements de Séville. Maintenant, les
dernières directions transmises par M. Ward sont
celles-ci : — « Sir W. A'Court retournera auprès de
« la personne de Ferdinand VII, si la proposition
« lui en est faite par les Cortès, ou si le roi la lui
« adresse personnellement. Si néanmoins sir W.
« A'Court s'apercevait que le roi a été contraint
« de lui faire cette proposition, il ne prendrait con-
« seil que de lui-même et des circonstances pour la
« refuser ou pour s'y rendre. Dans Cadix, sir W.
« A'Court devra débuter par protester solennelle-
« ment contre toute atteinte à la personne du roi,

« ou à la sécurité de la famille royale ; et il devra
« conserver par devers lui les moyens de se trans-
« porter à Gibraltar. » —

Telles sont les instructions tracées par le cabinet.
Je n'ai pas pu savoir si on y avait joint des directions
secrètes pour favoriser l'évasion de Ferdinand ;
mais je croirais assez que quelque chose a été dit
dans ce sens. L'avis personnel de M. Canning avait
été d'ordonner à sir W. A'Court l'*expectative*, et de
l'envoyer à Gibraltar *dans tous les cas*. Georges IV
a modifié cet avis, en voulant que son ministre plénipotentiaire se rendît auprès du roi Ferdinand sur
la moindre invitation, entendant par là que, dès
que Ferdinand serait libre, au moindre désir exprimé sir W. A'Court, sans attendre de nouvelles
communications de Londres, reprendrait auprès du
roi son caractère et ses fonctions à Madrid ou ailleurs.

Comptez sur la parfaite exactitude de ces renseignements. M.

CXXXVIII.

M. DE CHATEAUBRIAND A M. DE MARCELLUS.

Paris, 7 juillet 1823.

Laissez dire : la mauvaise humeur passera ; et si elle ne passe pas, peu importe : ayons Ferdinand, et nous sommes au-dessus de toutes les menaces.

Pour ne pas renouveler l'oubli de l'expédition de Lisbonne, voici une lettre de moi pour M. de Lesseps, qui renferme ma réponse à une lettre excellente que m'a écrite le comte de Palmella. Il me fait part de sa nomination au poste de ministre des affaires étrangères à Lisbonne, de celle du marquis de Ma--rialva, ambassadeur à Paris, et de l'heureuse et subite résurrection de la monarchie portugaise, que notre *glorieuse* entreprise en Espagne a facilitée et avancée. « Trois ans d'une triste expérience », me dit-il, « ont suffi pour démontrer aux Portugais le « danger et la fausseté des doctrines démagogiques ; « et la charte que Sa Majesté se propose d'accorder « à ses sujets sera une juste récompense de leur « fidélité et de leur patriotisme. »

En retour, j'annonce au comte de Palmella que

M. Hyde de Neuville est nommé ambassadeur en Portugal ; qu'il va par terre, part le 15, et passe à Madrid pour y voir monseigneur le duc d'Angoulême. Cette nomination de Hyde, si antianglais, donnera un nouvel accès d'humeur à M. Canning. N'ayez l'air d'attacher aucune importance à cette mesure.

Morillo s'est déclaré contre la régence de Cadix, et a envoyé un de ses officiers au prince généralissime, après avoir soulevé toutes les Galices contre les Cortès. C'est une bonne nouvelle.

Les ministres ont-ils bien pensé à ce qui peut arriver si les deux frégates qu'ils expédient font mine d'entrer à Cadix malgré le *blocus*. L'amiral Hamelin a des ordres très-sévères. Comment aussi sir W. A'Court entrera-t-il dans Cadix par terre? Cadix est également bloqué de ce côté-là avec une extrême rigueur. Il faut pourtant que M. Canning le sache, l'envoi de vaisseaux de ligne ou de frégates en vue des Cortès n'est pas une mesure amicale. Que feront ces frégates devant Cadix? Ou elles forceront le *blocus*, et il y a hostilité. Or, vous pouvez être sûr que, tant que je serai dans le ministère, je ne laisserai jamais insulter le pavillon français, et repousserai la violence par la force. Ou ces vaisseaux ne feront rien ; mais alors il est évident que leur vue seule encouragera les Cortès à la résistance,

22.

et prolongera la captivité de Ferdinand. Est-ce là de la *neutralité?*

M. de Polignac va bientôt partir. Ne parlez pas du tout de son arrivée. Quand vous aurez passé quelques semaines avec lui pour le mettre au fait, vous viendrez à Paris.

A ma lettre particulière pour M. de Lesseps se trouvent jointes des lettres officielles de bureau chiffrées.   C.

CXXXIX.

M. DE MARCELLUS A M. DE CHATEAUBRIAND.

Londres, 5 juillet 1823.

De grâce, jetez encore un regard vers cette île de Chypre dont vous avez vu de loin les côtes *sablonneuses, basses et en apparence arides,* et qui a inspiré au chantre des *Martyrs* de si admirables descriptions.

De cette île, deux pauvres Grecs se sont récemment échappés à grand'peine, et sont venus frapper à ma porte ici.

Le premier, *Hadgi-Pétraki, Pierre le Pèlerin,* que j'ai connu opulent et heureux dans la vallée de

Cythère, a perdu sa famille, ses richesses, et n'a gardé que sa tête; encore ne l'a-t-il sauvée qu'à moitié. Une si complète ruine a égaré sa raison à demi. Il pleure sans cesse, et n'interrompt ses larmes que pour exhaler son infortune en vers grecs, qui ne valent pas les vers d'un autre insensé, le Tasse.

> Ne già cose scrivea degne di riso,
> Se ben cose facea degne di riso.

Il est confié aux soins de l'archimandrite Thésée, homme d'esprit, que j'ai trouvé, il y a trois ans, auprès de son oncle, l'archevêque de Chypre, Cyprianos, égorgé depuis peu. Il me fit visiter les églises des Lusignan, dans Nicosie, maintenant ensanglantée. Il connaît bien son pays, sa nation; et en secourant sa misère, on pourrait mettre à profit son intelligence.

« Tout homme qui est éloigné de son pays, » a dit le mendiant immortel, « est digne de respect, même « aux regards des dieux. »   M.

CXL.

M. DE CHATEAUBRIAND A M. DE MARCELLUS.

Paris, 8 juillet 1823.

Envoyez-moi vos deux Grecs de l'île de Chypre. Je ferai pour eux tout ce que je pourrai. Et moi aussi j'ai erré dans ces mêmes rues de Londres, exilé, pleurant, mourant de faim; et si je n'étais pas fou comme votre *Pierre le Pèlerin,* je n'en valais guère mieux.   C.

CXLI.

M. DE MARCELLUS A M. DE CHATEAUBRIAND.

Londres, 11 juillet 1823.

Ne craignez aucune complication dans le port de Cadix : nulle frégate anglaise n'oserait y entrer. Le gouvernement britannique respecte tous les *blocus :* les *blocus* des Grecs, les *blocus* des Turcs, les nôtres, ceux que formeraient la régence de Madrid, ou même la *Convention* espagnole, si elle en avait le pouvoir comme elle en a le désir. Ce principe de *stricte neutralité*, en fait de *blocus*, m'était expliqué hier par lord Liverpool et par le duc de Wellington de manière à ne me laisser aucune inquiétude.

M. Canning me questionna il y a quelques jours sur la nomination à Lisbonne de M. Hyde de Neuville, désigné d'abord pour Constantinople. Je me souvenais qu'il était de tout temps ambassadeur au Brésil; je partis de ce fait en disant que, sans doute, il se serait rendu en Turquie si le Portugal était demeuré fermé pour nous; mais que, le Portugal ayant été délivré du joug révolutionnaire avant que M. Hyde de Neuville eût quitté la France, il était tout naturel qu'il reprît ses fonctions à Lisbonne : c'était la conséquence toute simple de sa nomination primitive à Rio-Janeiro. Je me suis arrêté là, et j'ai parlé d'autre chose.

Le colonel Palmer et sir J. Mackintosh n'ont pu rien tirer des ministres sur les instructions données à sir W. A'Court; mais ma dernière lettre confidentielle du 4 vous en a donné le sens en entier. N'ayez aucun doute sur mon exactitude.

M. Canning perdait hier son éloquence, qui, sur ce point, n'était que de l'*ergoterie*, à démontrer que la déclaration de Morillo est tout à notre désavan-

tage. Qu'y faire? Il verra toujours les choses dans
ce sens. Il témoigne néanmoins, par quelques actes,
le désir de se rapprocher de nous, et de vous être
agréable comme à moi. Ainsi, pour vous plaire, il
s'est chargé de l'affaire de madame Rollat, qu'il a
terminée comme vous le souhaitiez, et a cédé enfin
à mes réclamations pour M. Moser et pour le général Desfourneaux. Mes dépêches *particulières* et
spéciales traitent longuement ces trois points.

Les Communes s'ajournent ce soir : les questions politiques sont closes pour sept mois dans le
parlement. Il n'y a plus rien à craindre de ce côté.
La crise est finie : M. de Polignac peut venir. Je lui
ai écrit hier pour l'engager à arriver le plus tôt possible, et je le lui répète aujourd'hui.

Vous avez lu dans ma dépêche politique, n° 111, la
soirée du roi et ses menus propos, qui ont fait quelque bruit. « Il m'est odieux, » dit Ulysse à Alcinoüs,
« d'allonger de nouveau en paroles ce que j'ai déjà
« raconté en détail. » Peut-être me permettrez-vous
d'ajouter seulement à mes dépêches que, avant de se
retirer, le roi est venu à moi; et, passant son bras sous
le mien, il m'a dit, en s'appuyant et faisant quelques
pas pour nous éloigner de la foule : « Je n'ai point
« oublié, mon cher Marcellus, votre lettre à l'occa-
« sion du *Times*. J'ai voulu vous dire moi-même
« toute ma satisfaction de vos services et de votre

« attitude dans tout ce qui s'est passé ici depuis six
« mois. En cette circonstance, le roi de France peut
« seul payer les dettes du roi d'Angleterre, et je le
« lui ai fait savoir. » — A ce propos, si, dans le cours
de notre correspondance, vous aviez trouvé que j'ai
trop parlé de moi en traitant des affaires publiques,
la faute en est tout entière au ton de familiarité et
de confiance que vous m'avez, en quelque sorte,
imposé.

Souffrez que je vous remercie encore de l'avan-
cement bien mérité que vous donnez à mes collaborateurs, MM. de Bourqueney, Desmousseaux de
Givré et Billing. J'ai longtemps appelé de mes vœux
ces récompenses ; je les fais suivre de mes suffrages
renouvelés. Vous n'avez pas oublié qu'ils ont ap-
partenu à votre ambassade, et vous avez dit comme
Énée :

Nemo ex hoc numero mihi non donatus abibit.

A la première occasion je présenterai, en sa nouvelle qualité de troisième secrétaire, à M. Canning,
M. Billing, qui, seul depuis longtemps, porte avec
moi toute *la chaleur du jour.*   M.

CXLII.

M. DE CHATEAUBRIAND A M. DE MARCELLUS.

Paris, 10 juillet 1823.

Le marquis d'Hastings a dit ici que M. Canning touchait au terme de sa carrière politique, qu'il avait perdu à la fois la confiance de l'Opposition et du parti ministériel. Je crois que le marquis d'Hastings sera bien pour nous à Londres.

C'est aujourd'hui la grande affaire de l'emprunt. J'aurai le temps de vous mander le résultat avant le départ du courrier. En dépit de leurs journaux, les Anglais souscrivent à force. Rothschild de Londres, branche cadette de Salomon, est arrivé les mains pleines de souscriptions des premiers banquiers radicaux de la Cité.

Je reviens au marquis d'Hastings. Ne serait-il pas possible, malgré ses dettes, qu'après avoir trôné à Calcutta, il eût envie d'être ministre des affaires étrangères à Londres? Il aurait des chances, et cela serait bon pour nous. D'un autre côté, ne pourrait-il pas être ambassadeur à Paris? Suivez cela : il peut y avoir quelque chose de vrai dans ces conjectures.

5 heures du soir.

Superbe! L'emprunt vendu aux Rothschild à 89 fr. 55 centìmes!   C.

CXLIII.

M. DE MARCELLUS A M. DE CHATEAUBRIAND.

Londres, 15 juillet 1823.

Le marquis d'Hastings, dont me parle votre lettre du 10, revient des Indes. Il est de la vieille école aristocratique, et ne connaît pas son pays. Je n'ai pas la prétention d'en remontrer à un si haut personnage, pair d'Angleterre, etc.; mais il m'est impossible de penser avec lui que M. Canning touche au terme de sa carrière ministérielle. J'ai vu comment il est arrivé au pouvoir, quelles barrières il a forcées, quelles antipathies il a subjuguées, et je n'ai pas à me reprocher d'avoir un seul instant donné l'illusion ou laissé l'espérance à ma cour de le voir tomber. Georges IV, vous le savez bien, s'est un peu vanté, quand il m'a dit qu'il chasserait ses ministres s'ils osaient le déclarer fou. Il voulait bien oublier en ce moment que les rois en Angleterre

n'ont pas de volonté : et M. Canning ministre en
est la preuve.

Je ne crois pas que jamais le marquis d'Hastings
soit ministre des affaires étrangères. Il n'a aucun
poids dans le cabinet, et il n'est pas orateur. Il ne
sera pas non plus ambassadeur à Paris; si sir Ch.
Stuart quittait ce poste, où il s'est rendu fort nécessaire à M. Canning en l'alimentant de grandes et de
petites nouvelles, il serait remplacé par lord Gran-
ville ou par lord Morley, plus dévoués encore à
M. Canning.

N'entretenons point de vaines illusions : M. Canning restera. Il faut le ramener à nous adroitement.
Si quelqu'un peut tenter l'entreprise, c'est vous.
Encore quelques jours et quelques succès en Espagne, votre correspondance avec lui reprendra tout
naturellement son cours. Toute autre main que la
vôtre lui serait rude.

At male si palpêre, recalcitrat.........

Il m'a dit regretter vivement la fin de mes fonctions et de notre intimité politique, qu'interrompt
la présence d'un ambassadeur; mais c'est surtout
parce qu'il connaît nos propres relations assidues,
confidentielles, et parce qu'il me sait l'interprète
fidèle de vos pensées, et le porteur direct de vos
paroles bien plus que ne saurait l'être un fonction-

naire diplomatique du rang le plus élevé. J'ai été beaucoup plus satisfait de son langage et de ses dispositions. Si ce n'est pas encore amitié, ce n'est déjà plus malveillance.

Les honneurs dont on vient de combler M. de Martignac ont un peu piqué M. Canning, et je n'ai trouvé d'aigreur chez lui que sur ce point : « Des « cordons! des diamants!. et nommé ministre d'É- « tat pour une mission de deux mois et demi, » disait-il; « lord Fitzroy n'a pas été si bien récom- « pensé, et il pouvait être plus utile! »

Un article semi-officiel d'une gazette de Saint-Pétersbourg, retraçant la politique de la Sainte-Alliance vis-à-vis de l'Espagne, a été traduit et commenté par tous les journaux de Londres. Je vous envoie, dans le *Star* de ce soir, une réfutation de cet article, bien plus officielle encore : vous y reconnaîtrez la pensée, le ton et le style, souvent peu déguisé, de M. Canning.

Conservez, de grâce, les moyens de correspondre particulièrement et directement avec ce ministre; vous avez ici auprès de lui ce poids et cette valeur, conséquences de l'estime qui s'accorde en Angleterre à tout homme constant dans ses principes, *fût-il même sans talents!* Vous avez aussi, auprès des esprits les moins attentifs aux débats des partis, l'approbation que commandent dans la Grande-Bretagne une opinion invariable (*consistency*) et la fermeté des principes. On y a compris que toute votre vie n'était qu'une seule action. Et, jusque dans ces écrits inspirés par le génie des lettres, on a vu un but monarchique et le courage d'un homme d'État. Réservez-vous d'user de ce crédit politique pour le bien et l'honneur de notre pays.

.Avec votre lettre particulière à M. de Lesseps, vous m'annonciez des dépêches chiffrées pour lui. Les deux derniers courriers ne m'ont rien apporté que cette lettre particulière. J'ai averti encore une fois notre chargé d'affaires à Lisbonne de cette troisième et sans doute dernière méprise de nos bureaux d'expédition.

Le succès de notre emprunt a eu ici un grand retentissement. Les Anglais, spéculateurs innés, mesurent le pouvoir sur les finances, et reconnaissent dans notre crédit florissant les abondantes ressources d'une puissante nation.   M.

CXLIV.

M. DE CHATEAUBRIAND A M. DE MARCELLUS.

Paris, 15 juillet 1823.

Un courrier russe part pour Londres; j'en profite pour vous avertir que le prince de Metternich va ouvrir une espèce de négociation pour engager l'Angleterre à rentrer dans l'alliance continentale. C'est dans une de mes causeries avec M. le baron de Vincent que M. de Metternich a puisé cette pensée. J'avais dit à cet ambassadeur ce que je vous écris depuis deux mois : « Voilà pour l'Angleterre une belle « occasion de se tirer du mauvais pas où elle s'est « jetée; » et là-dessus le prince, qui veut jouer un peu plus que son rôle, a imaginé ceci. Ce sont de bien bonnes intentions; Dieu veuille qu'elles soient remplies !

M. de Polignac se met demain en route pour aller vous rejoindre. Avant son arrivée, je veux vous dire que vous avez mené nos affaires à Londres à la grande satisfaction de votre pays, de votre roi et de vos chefs.   C.

CXLV.

M. DE MARCELLUS A M. DE CHATEAUBRIAND.

Londres, 17 juillet 1823.

Un mot du parlement en dehors de mes grandes dépêches spéciales.

La réforme et les intérêts catholiques l'ont à peine occupé cette année ; en voici la raison. Le cabinet anglais, qui n'était jusqu'ici divisé en lui-même que sur des points consciencieux et, pour ainsi dire, théologiques, s'est vu tout d'un coup, par l'accession d'un puissant ministre, désuni en opinions politiques, et presque en principes fonda-mentaux d'administration. Il a alors employé son influence dans les deux chambres à retarder l'époque où cette désunion devait éclater; ainsi, après quelques discussions étouffées, la cause de la réforme et la question catholique ont dû céder presque sans combat.

Quelques lois sévères ont été appliquées à l'Irlande ; mais, malgré certains palliatifs, on ne peut prédire une fin prochaine à ces troubles, qui se fondent sur la religion, les mœurs, et sur le caractère de six millions d'individus.

L'Amérique présente aux yeux des ministres anglais un avenir plus satisfaisant. De ce côté, re-
connaissances, médiations, stipulations commerciales, il faut s'attendre à tout.

Ma dépêche politique, n° 115, renferme une espèce de *récapitulé* de ma gestion, que termine cette
dépêche officielle. Vous venez de voir les derniers traits de ma plume confidentielle aussi. Por-
tez, de grâce, aux pieds du trône, l'hommage de
ma reconnaissance éternelle pour les fonctions mo-
mentanées que le roi a bien voulu me confier. Si,
pour le reste de ma carrière politique, j'ai à souhaiter de ne plus servir mon pays dans des circonstances aussi difficiles et aussi pénibles, je ne
puis désirer au moins pour mon avenir des encouragements plus flatteurs que ceux dont Louis XVIII,
Georges IV et vous, avez daigné m'honorer.   M.

CXLVI.

M. DE CHATEAUBRIAND A M. DE MARCELLUS.

Paris, 18 juillet 1823.

A propos, ramenez-moi ma belle voiture, si M. de
Polignac n'en veut pas. Je pense quelquefois que,

23

d'une manière ou d'une autre, elle ne me roulera
pas longtemps, car elle est trop riche pour ma pau-
vreté habituelle ; et j'ai grand besoin d'argent au
milieu de tous ces millions que je vois remuer autour de moi. Je la vendrai *à la livre,* si je ne puis
faire autrement. Pour le reste, agissez comme il
vous plaira ; vous savez qu'en fait d'intérêts je ne
m'y entends guère. — Voilà nos derniers rapports
de cette espèce ; nous en aurons d'autres plus essentiels.   **C.**

CXLVII.

M. DE MARCELLUS A M. DE CHATEAUBRIAND.

Londres, 21 juillet 1823.

Je vous arriverai avec votre voiture. J'ai consulté
les carrossiers sur ce point ; ils pensent comme moi
qu'il faut la ramener en France ; elle y sera la plus
belle ; ici on ne pourrait s'en défaire avantageuse-
ment. Je vous apporte encore une boîte superbe
materia et opere, dont les diamants valent vingt-
cinq mille francs. Puis, six ou sept mille francs

comptant que j'ai réalisés ici de la vente des mille petites choses qui vous appartenaient. Voilà ce qui vous reste de votre ambassade. Vous n'avez plus rien à vous ici que moi; et ce moi a dû vous lasser de lui-même et de son écriture; mais songez que ce sont les dernières gouttes d'encre de ma plume, et que

« Je vous parle une fois pour me taire toujours. »

M.

CXLVIII.

M. DE MARCELLUS À M. DE CHATEAUBRIAND.

Londres, 18 juillet 1823.

Un courrier, parti de Vienne le 8 de ce mois, a porté au prince Esterhazy un grand nombre de dépêches officielles ou réservées. Celles qui nous concernent, ainsi que l'Espagne, présentent partout une union intime de vues et de sentiments avec la cour de France. Au désir manifesté par l'Angleterre, dans une certaine circonstance, de régler les institutions futures de la Péninsule, M. de Metternich répond que ce soin ne regarde pas plus l'Angleterre que l'Autriche; que même la France, en déclarant

23.

sagement qu'elle ne se mêlerait pas de ces institutions, échappait à toute responsabilité. Il ajoute que
l'on doit s'attendre à voir quelque partie de l'armée française ou même l'armée entière rester en
Espagne pour assister à la résurrection de la royauté;
mais que cette occupation ne pouvait ni ne devait
étonner le cabinet britannique, parce que c'était
sans doute en connaissance de cause, et certes bien
volontairement, qu'il s'était mis en dehors de tout.

M. de Metternich rend compte ailleurs de ses premières entrevues avec sir H. Wellesley. Il a déclaré
franchement à cet ambassadeur que la conduite de
M. Canning avait blessé l'Europe entière. Sir H.
Wellesley me paraît avoir dépassé ses instructions,
en avançant alors que M. Canning voudrait rétracter aujourd'hui quelques-unes de ses paroles. M. de
Metternich a répliqué que ce n'était point de quelques paroles seulement que résultait le ressentiment
de l'Europe, mais de l'ensemble d'une conduite
impardonnable chez un ministre, et injustifiable
chez un homme d'État.

Ne croyez à aucune intelligence secrète entre les
cours de Vienne et de Londres. Il n'y aura point de
négociation ouverte ici, officielle ou confidentielle,
pour rattacher l'Angleterre à la Sainte-Alliance. Ma
dépêche n° 113 vous dit tout à cet égard, et le
prince Esterhazy, qui traverse Paris pour aller en

Allemagne, ne laissera dans votre esprit aucun doute sur ce point. Il se propose, en prenant congé de Georges IV, de lui demander ouvertement, de la part de l'empereur, si, dans les grandes questions qui vont s'agiter, le gouvernement britannique compte se prononcer pour la souveraineté des peuples, ou pour la cause des rois légitimes.

M. de Metternich est blessé; il regrette le marquis de Londonderry et ses longues relations d'intimité. De son côté, M. Canning ne peut oublier les lamentations dont le cabinet autrichien a salué la mémoire de son prédécesseur. Ces mots de *perte irréparable,* consignés dans les dépêches qu'on avait ordre de lui lire, il y a six mois, tintent encore à ses oreilles. Je ne puis trop vous répéter que nous n'avons jamais laissé percer ici, le prince Esterhazy et moi, la moindre apparence de dissentiment. Nous nous étions promis de garder pour nous seuls les différences de vues que pouvaient exprimer nos deux cours sur la question d'Espagne, et de n'en parler qu'ensemble. Cette marche était aussi prudente qu'elle a été fidèlement maintenue des deux parts.

M.

CXLIX.

M. DE CHATEAUBRIAND A M. DE MARCELLUS.

Paris, 21 juillet 1823.

La démarche de l'Autriche à Londres ne peut avoir aucun succès. J'en ai jugé ainsi dès le premier moment. C'est une nouvelle intrigue du prince de Metternich, qui cherche tous les moyens de nous ôter les résultats de l'affaire d'Espagne, et de se substituer à nous, en amenant sur le tapis les prétentions de Naples ou les négociations de l'Angleterre. Il n'y a sorte de tracasseries que M. Brunetti ne nous fasse à Madrid.   C.

CL.

M. DE MARCELLUS A M. DE CHATEAUBRIAND.

Londres, 20 juillet 1823.

M. Canning est déjà jaloux de cette première conférence entre les quatre puissances continentales, à laquelle vous avez assisté. « On prétend, » disait-il récemment, « que je me suis trompé sur cette af-

« faire d'Espagne. Il vaut mieux se tromper une
« fois que de se tromper deux, et il vaut mieux se
« tromper deux fois que d'avouer qu'on s'est trompé
« une. »

C'est dans ces subtilités énigmatiques que vont se
noyer les grands intérêts des nations; M. Canning
s'est obstiné à considérer notre triomphe comme sa
défaite, et tout ce qui diminuerait nos succès comme
un adoucissement à ses amertumes.

Il est temps de jeter un regard sérieux vers l'a-
venir, et sur le dangereux et habile ministre qui
est venu se placer à la tête des destinées de l'Angleterre. Il nous faut sa chute ou sa conversion.

Il ne tombera pas. Son principal ennemi dans le
cabinet, le lord chancelier, chef d'une influence qui
se meurt, décrépit lui-même, n'a pu l'exiler sur le
trône des Indes. M. Peel, jeune, ferme et populaire,
s'avance sans impatience vers les suprêmes fonctions qui ne sauraient lui manquer un jour. Le duc
de Wellington, guerrier peu redoutable sur le champ
de l'intrigue, a dû céder à l'habileté et aux talents
de M. Canning. Lord Westmoreland, lord Harrowby
ne sont pas ses rivaux; lord Palmerston n'est pas
son antagoniste. Enfin, appuyé sur M. Robinson,
clef du trésor, pivot de l'administration financière,
sur lord Liverpool, dont il a entièrement captivé
l'esprit, M. Canning ne tombera pas.

Il faut donc qu'il change de conduite. Essayons.
Il s'agit de le rendre Européen, de Breton exclusif
qu'il est. Faites reluire à ses yeux l'éclat d'une
grande renommée diplomatique. Assemblez un congrès; qu'il vienne y traiter à son tour des intérêts
de la Turquie, des colonies américaines, de nos
quatre dernières révolutions éteintes en deux ans,
de la Grèce, de l'Italie, du Portugal et de l'Espagne.
Il est né plébéien, que l'Europe le couvre de faveurs : que les honneurs et les cordons l'attachent
à elle; inaccessible à l'or, il ne l'est pas à la louange.
Enfin, réconciliez-le à ses anciennes opinions monarchiques, et veuillez me pardonner si, malgré
mon âge et mon inexpérience, j'ai parlé si librement
avec vous des plus hauts intérêts de mon pays.   M.

CLI.

M. DE CHATEAUBRIAND A M. DE MARCELLUS.

Paris, 23 juillet 1823.

Je ne crois point à la chute de M. Canning, et je
pense, comme vous, qu'il faudrait le flatter pour essayer de le convertir; mais l'amour-propre blessé

ne se repent jamais, ne revient jamais, ne pardonne jamais, quand il n'est pas combattu dans une âme élevée par des sentiments nobles et par un penchant généreux aux sacrifices. M. Canning n'a rien de cela. Homme de talent, d'instruction et d'esprit, il n'a rien de grand ni de sincère, et son ambition dominera toujours ses principes.

Je reçois le discours du roi à la clôture de la session parlementaire. Il est très-bien, en ce qu'il ne dit rien du tout.

Je vous assure que je suis très-fâché que ce soit ici ma dernière lettre sur les affaires d'Angleterre; mais nous nous retrouverons ailleurs quelque jour.

Adieu donc, tout à vous. *Farewell.*

CHATEAUBRIAND.

ÉPILOGUE. — Un mot sur cette dernière lettre.

Hélas! *cet amour propre blessé qui n'est pas combattu par un penchant généreux aux sacrifices* devait, un an plus tard, se reproduire ailleurs qu'en Angleterre. Combien de fois dans la crise rapide qui, en 1824, enlevait M. de Chateaubriand à l'avenir de la France, et depuis ce jour fatal à tant d'intérêts, combien de fois le jugement suprême qu'il avait prononcé sur son rival britannique n'a-t-il pas assiégé ma pensée? Ne pouvait-il donc imiter

jusqu'au bout l'ami magnanime qu'il avait remplacé
dans le conseil du roi? Justement fier d'avoir rétabli le crédit de l'antique monarchie, d'avoir vaincu
M. Canning aux yeux de l'Europe attentive, d'avoir
gravé pour jamais son nom au temple de l'histoire,
le dominateur de la littérature moderne ne devait-il
pas se retirer noblement dans l'honneur de tous ces
triomphes, et préférer à la vengeance vulgaire des
cœurs médiocres la gloire si pure et si rare de l'ab-
négation? Comment ce juge si perspicace et si flegmatique des fautes d'autrui était-il sitôt devenu, dans
sa propre cause, si passionné et si irritable? Y aurait-il donc dans le pouvoir, comme me le disait
M. Canning, *quelque chose qui enivre* et fait chan-
celer les plus fermes esprits ?...

Ainsi, notre correspondance politique et active
ne devait plus se croiser; mais la prophétie ne s'est
pas démentie complétement, *et nous devions nous
retrouver ailleurs.*

En 1829, lorsque, nommé sous-secrétaire d'État
des affaires étrangères, je consultais l'expérience de
M. de Chateaubriand, et que, nous promenant lentement d'orme en orme sur le boulevard Mont-Par-
nasse, il déroulait devant mes yeux, avec cette intui-
tion de l'avenir, don particulier de sa nature, les
terribles conséquences de l'impopularité dans le gouvernement représentatif; alors qu'armé de l'autorité

de ses anciennes fonctions, il m'ordonnait de fuir, loin de l'*hôtellerie de la rue des Capucines*, ce qu'il appelàit l'impéritie du meilleur des hommes et l'aveuglement du meilleur des rois.

Enfin, *nous devions nous retrouver en* 1848, peu de mois après le soudain écroulement du trône de juillet, dont il avait tant prédit la chute, lorsque, la tête affaissée et le regard mourant, il languissait à l'approche du jour qui allait le ravir à la terre !.....

. . . .

Mon Dieu! mon Dieu! quand vous voulez retirer à vous le génie, pourquoi donc refuser à ceux qui restent après lui une étincelle de ce feu que vous allez éteindre?

Le comte de MARCELLUS.

Marcellus, 13 août 1852.

FIN.

TABLE DES MATIÈRES.

FIN DE LA TABLE DES MATIÈRES.

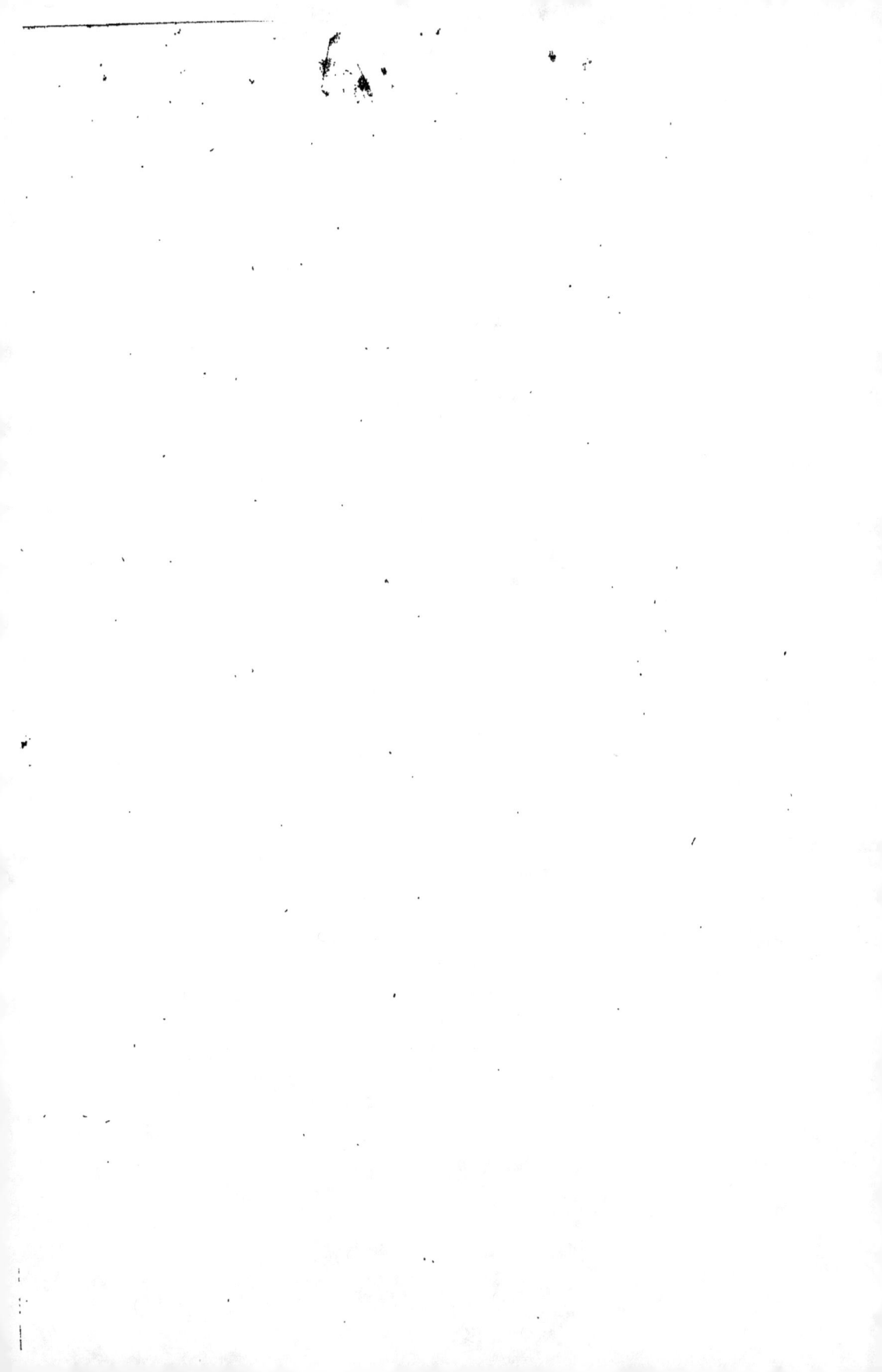

www.ingramcontent.com/pod-product-compliance
Lightning Source LLC
Chambersburg PA
CBHW071625270326
41928CB00010B/1780